制造业高端技术系列

# 智慧仓库规划与设计：
# 自动化拆零拣选系统配置优化

李明 著

机械工业出版社

本书在介绍国内外智慧仓库装备技术发展现状的基础上，对智慧拆零拣选技术的三种类型——人到货拣选、货到人拣选和自动化拣选的研究现状进行了详细介绍。重点针对一类新型阵列式自动拣选系统的配置优化方法进行深入阐述，介绍了综合运用聚类算法、贪婪算法、迭代算法等工具，通过对系统拣选品项的选择与通道配比、品项分配以及列品项货位分配的综合优化，有效提高系统的拣选效率，降低现场人员的劳动强度的方法。

本书适合仓储物流部门的技术人员、物流企业的经营管理人员参考，也可供高校物流专业的师生研究使用。

## 图书在版编目（CIP）数据

智慧仓库规划与设计：自动化拆零拣选系统配置优化/李明著. —北京：机械工业出版社，2018.8（2024.1重印）
（制造业高端技术系列）
ISBN 978-7-111-60270-5

Ⅰ. ①智… Ⅱ. ①李… Ⅲ. ①自动化技术－应用－仓库管理 Ⅳ. ①F715.6-39

中国版本图书馆 CIP 数据核字（2018）第 134589 号

机械工业出版社（北京市百万庄大街22号 邮政编码100037）
策划编辑：周国萍 责任编辑：周国萍
责任校对：樊钟英 封面设计：马精明
责任印制：张 博
北京雁林吉兆印刷有限公司印刷
2024年1月第1版第7次印刷
169mm×239mm · 7.75 印张 · 128 千字
标准书号：ISBN 978-7-111-60270-5
定价：59.00 元

凡购本书，如有缺页、倒页、脱页，由本社发行部调换

电话服务　　　　　　　　　　网络服务
服务咨询热线：010-88361066　　机 工 官 网：www.cmpbook.com
读者购书热线：010-68326294　　机 工 官 博：weibo.com/cmp1952
　　　　　　　010-88379203　　金 书 网：www.golden-book.com
封面无防伪标均为盗版　　　　　教育服务网：www.cmpedu.com

# 序 1

随着电子商务和大规模定制化生产的快速发展，货物品种越来越多，订单批量越来越小，时效要求越来越高，仓库功能已经由传统的物料存储与保管为主，转变为以订单拣选和分拨作业为主。

为应对仓库内越来越多的订单拣选任务，实现越来越快的订单履行效率，各类智慧拆零拣选技术在国内外得到广泛应用。例如我国商业烟草公司大量采用自动化通道拣选线实现了接近 30000 条/h 的卷烟分拣效率；在大型电商企业唯品会采用基于多层穿梭车系统的货到人拣选系统，实现每人每小时 300~500 订单行的拣选效率。由于智能装备一次性投入大，运营后期改动调整成本高，因此做好前期的规划与设计对智慧仓库至关重要。

本书系统地对人到货、货到人和自动化三类智能拆零拣选技术的研究现状进行了介绍，重点对自动化拆零拣选装备的配置优化进行了深入分析。由于本书作者在攻读博士期间参与了多项大型企业智能化物流系统集成项目，积累了丰富的现场实战经验，因此阅读本书可以了解当前国内外先进的智慧仓库技术，并且书中介绍的各类优化方法对智能仓库的规划与设计具有较好的借鉴作用。

清华大学　蔡临宁<br>
2018 年 8 月

# 序 2

随着中国特色社会主义进入新时代，我国社会主要矛盾已经转化为人民日益增长的美好生活需要和不平衡不充分的发展之间的矛盾。在当前体验经济的发展浪潮中，"线上+线下+物流"的"新零售"商业模式正在试图为消费者提供近乎完美的购物体验，而物流配送是体验中的重要一环，订单响应的时效性与准确性的要求正在逐渐逼近极限。传统的物流体系以人工辅以搬运装备作业为主，已经无法满足日益提高的服务标准，因此越来越多的企业在仓库和运输环节中，大量采用大数据、物联网、人工智能、自动化装备等智能技术应对挑战。大量新技术、新装备的应用与经验积累，为智慧物流体系的建立和研究奠定了丰富的实践基础。

物流科学是一门工程背景强且侧重于运用运筹优化理论知识解决实际问题的学科。在传统物流仓库规划与设计研究中，优化场景多以人为中心，通过货位的分区与布局优化、作业线路设计等方法提高人效、降低人工成本；随着智慧技术在仓库中的投入使用，优化场景转变为以智能装备为中心，通过设备布局与配比、品项分配和货位分配实现提高机效，充分发挥设备的使用价值。因此，优化场景的转换，为仓库规划与设计提供了大量更复杂、更深入的研究课题，也必将成为物流领域新的研究热点。

本书对智慧仓库内拆零拣选环节的新技术、新装备的研究现状进行了较为全面的介绍，在此基础上，以自动化拆零拣选设备为对象，研究了各类设备配置优化算法，采用现场实际订单数据，验证了算法应用效果。这些成果和方法是作者在长期的项目规划设计与设备开发调试过程中研究发现的，对自动化拆零拣选设备的应用和管理具有很强的借鉴作用，同时对仓库内其他智能装备的优化研究具有理论参考价值。

山东大学　吴耀华
**2018 年 8 月**

# 前言 FOREWORD

在全球产能过剩的大背景下，市场需求由低成本、标准化、大批量的产品，转向差异化、多元化、变化快的产品，导致物流服务面对的品项数量日趋庞大。在流通领域，电子商务的蓬勃发展减少了传统中间流通环节，为消费者提供了更优质的消费体验。但在物流过程中，以整托盘或整箱为单元的集中式作业逐渐被以产品基本包装为单元的碎片式作业所取代，增大了物流作业的复杂度。此外，随着新零售模式的兴起，即时化配送业务更是对订单的响应时间提出接近极限的要求。

智慧仓库是智慧物流系统的核心节点。它通过信息技术、自动化技术与数据技术深度融合，调度入库、存储、拣选、出库等各作业环节智慧仓库装备，优化配置库内人、设备、货物资源，实现库内作业高效化、运营数字化和决策智能化。智慧仓库具有灵活性、柔性化的特点，可以有效应对产业和消费升级对仓库提出的挑战。

订单拣选是指作业人员从库位上拣选货物来满足客户订单的作业过程，是仓库内劳动强度最大、投入成本最高的功能环节，同时也是决定客户最终体验的关键。随着电子商务及新零售的发展，配送中心的商品拣选日益呈现小批量、多品种、多批次、高时效的发展趋势，拆零拣选成为订单拣选中的主要作业内容。拆零拣选是指小于一箱数量货物的拣选，由于每个订单包含货物数量较少，但需要从成千上万种品项中快速拣选出货物的最小包装单位，且订单数量庞大，所以拆零拣选是影响配送中心作业成本和订单履行效率的重要因素。

本书对智慧仓库装备技术最新发展进行了全面介绍，重点对智慧拆零拣选技术的应用和研究进行阐述，详细分析人到货、货到人和自动化三类拣选技术的特点及研究现状。在此基础上，介绍了以医药配送中心中广泛采用的人工与自动化双分拣区模式为应用背景，以一类新型阵列式自动拣选系统为研究对象，通过对历史订单的数据分析，挖掘各类品项的库内活动特征，分析系统的拣选工作流程和人工补货工作流程，建立系统总节省人工成本模型和系统订单处理总时间模型，以系统总节省人工成本最大、订单处理总时间最小为目标，综合运用聚类算法、贪婪算法、迭代算法等工具，对系统拣选品项的选择与通道配比、品项分配以及列品项货位分配进行综合优化，通过设备优化配置实现了拣选系统整体效益提升的方法。

当前，中国制造 2025 以及体验经济的发展为智慧物流提供了新的市场机遇，智慧物流领域应借助大数据、人工智能等数据技术的兴起与广泛应用，不断地寻求突破与创新，将数据技术与现有的自动化装备和信息技术有机融合，形成高效、准时、精益的智慧物流服务体系。

在本书编写过程中，本人博士生期间导师山东大学吴耀华教授、国内访问学者期间指导老师清华大学蔡临宁副教授提出了许多修改建议，在此致以衷心的感谢！

李明

2018 年 8 月于清华园

# 目 录

序 1
序 2
前言

## 第 1 章　绪论 ········· 1

### 1.1　智慧仓库 ········· 1
1.1.1　智慧物流与智慧仓库 ········· 1
1.1.2　智慧仓库装备技术 ········· 3
1.1.3　智慧仓库规划与设计原则 ········· 6

### 1.2　智慧拆零拣选系统简介 ········· 9

### 1.3　智慧拆零拣选系统研究现状 ········· 13
1.3.1　人到货拆零拣选系统 ········· 13
1.3.2　货到人拆零拣选系统 ········· 18
1.3.3　自动化拆零拣选系统 ········· 29

## 第 2 章　阵列式自动拣选系统 ········· 34

### 2.1　系统结构与布局 ········· 34
2.1.1　阵列式自动拣选机结构 ········· 34
2.1.2　阵列式自动拣选系统布局 ········· 35

### 2.2　系统人工成本分析 ········· 37
2.2.1　配送中心仓库内作业流程 ········· 37
2.2.2　分拣区内人工成本分析 ········· 38

### 2.3　订单处理总时间分析 ········· 40
2.3.1　单机订单处理总时间 ········· 40
2.3.2　多机订单处理总时间 ········· 46

### 2.4　小结 ········· 46

## 第 3 章　拣选品项选择与通道配比优化 ································ 48

### 3.1　分拣区人工成本模型 ························································ 48
### 3.2　通道配比优化问题 ···························································· 50
### 3.3　自动化分拣品项选择优化问题 ·········································· 52
#### 3.3.1　连续空间最优品项选择法 ······································· 53
#### 3.3.2　离散空间品项选择法 ··············································· 54
### 3.4　实例分析 ··········································································· 55
### 3.5　小结 ··················································································· 60

## 第 4 章　串行合流下单机品项分配优化 ································ 61

### 4.1　品项分配模型 ···································································· 61
### 4.2　品项间相关性分析 ···························································· 62
#### 4.2.1　基于拣选次数的品项相似系数 ······························· 62
#### 4.2.2　基于拣选量的品项相似系数 ··································· 63
#### 4.2.3　改进品项相似系数 ··················································· 63
### 4.3　品项聚类算法 ···································································· 64
#### 4.3.1　单品项单通道 ··························································· 65
#### 4.3.2　品项分配通道数为变量 ··········································· 66
### 4.4　实例分析 ··········································································· 67
### 4.5　小结 ··················································································· 75

## 第 5 章　并行合流下单机列品项货位分配优化 ···················· 76

### 5.1　列品项货位分配模型建立 ················································· 76
#### 5.1.1　拣货区工作时序 ······················································· 77
#### 5.1.2　订单处理总时间模型简化 ······································· 78
#### 5.1.3　列品项与货位分配 ··················································· 79
### 5.2　列品项货位分配模型求解 ················································· 81
### 5.3　实例分析 ··········································································· 84
### 5.4　小结 ··················································································· 88

## 第 6 章　串行合流下系统配置综合优化 ································ 89

### 6.1　综合优化建模 ···································································· 89

6.2 模型求解方法 ·················································································· 91
    6.2.1 转为单目标优化问题 ································································ 91
    6.2.2 启发式迭代算法 ······································································ 92
    6.2.3 配置方案改进策略 ··································································· 93
6.3 实例分析 ······················································································· 98
6.4 小结 ···························································································· 103

**参考文献** ···························································································· 104

**后记** ································································································· 112

# 第 1 章

绪 论

## 1.1 智慧仓库

### 1.1.1 智慧物流与智慧仓库

在全球产能过剩的大背景下,市场需求由低成本、标准化、大批量的产品,转向差异化、多元化、快变化的产品,用户需求驱动生产制造,C2M(Customer to Manufactory)模式正在逐步兴起,物流服务面对的品项(Stock Keeping Unit,SKU)数量日趋"海量"化。例如,在我国医药或图书物流中心,SKU 数量都在 1 万个左右,而在电子商务物流配送中心,SKU 数量可能会达到数百万甚至数千万个。

在流通领域,电子商务的蓬勃发展减少了传统中间流通环节,为消费者提供了更优质的消费体验。在传统商业模式中,物流主要以整托盘或整箱为单元的大批量仓储和运输;而电子商务兴起后,小包装、多频次的快递包裹需求日益增多,订单结构"碎片"化特征日趋显著。国家统计局公布的数据显示,2017 年全国网上零售额达到 7.18 万亿元人民币,同比增长 32.2%,快递业务量 400.6 亿件,同比增长 28%。据阿里研究院预测,到 2020 年,我国网络零售额将超过 10 万亿元人民币,在社会消费品零售总额的占比将超过 20%,未来五年左右全年包裹量有望超过 1000 亿件。

随着新零售时代的到来,线上服务、线下体验和现代物流实现深度融合,对订单履行的时效性提出"即时化"的要求。例如国内一些新生的生鲜食品类企业为客户提供即时配送服务,承诺在下单后 2 小时甚至更短的时间内完成订单配送业务。

产业和消费市场升级带来的海量化的 SKU、碎片化订单结构、即时化的响应时窗，给物流系统规划与设计带来了巨大的挑战。传统的物流信息化技术（例如仓库管理系统）和物流自动化技术（例如自动化立体仓库）在 20 世纪即已经开始应用，物流信息化技术解决了过程信息数字化问题，实现了信息的高效传递；物流自动化技术解决了作业机械化的问题，实现了人工作业强度的降低。以上传统物流技术已无法满足新商业模式对物流系统提出的更高要求。

进入 21 世纪，以物联网、大数据、云计算和人工智能为代表的数据技术的日趋完善及成功的商业化应用，为智慧物流的产生和发展提供了技术基础。智慧物流是基于信息技术、自动化技术、数据技术，实现了物流系统的状态感知、智慧分析、精准执行，以最合理的成本满足物流服务需求的现代物流体系。智慧物流具有灵活性、柔性化的特点，可以有效应对海量化的 SKU、碎片化订单结构、即时化的响应时窗所带来的传统物流体系运营成本增加和效率无法满足等问题。

智慧仓库是智慧物流系统的核心节点。它通过信息技术、自动化技术与数据技术深度融合，调度入库、存储、拣选、出库等各作业环节智慧仓库装备，优化配置库内人、设备、货物资源，实现库内作业高效化、运营数字化和决策智能化。

具体来说，智慧仓库一般包含针对人、设备、货物三个仓内要素的智慧管控模块。下面具体说明：

**针对人的智慧管控模块**：人员信息采集，进行入仓预置、角色划分、权限设置，构建人力资源数据库；人员作业优化调度，记录人员行为轨迹，对人员工作强度分析，通过智能算法实现人员工作量均衡分配；对人员进行数据化绩效考核，构建智慧人员培训体系，挖掘人员各方面技能知识的缺失情况，设置个性化的网络培训课程和考试纲目体系。

**针对设备的智慧管控模块**：设备基础信息建立，包含设备台账信息、故障类型、配件耗材需求等信息，构建设备资源数据库；设备合理选型与配置，设备运行监控和优化调度，故障实时报警；记录设备运行数据日志和维护计划，构建智慧化的设备日常保养和巡查点检、故障时的设备检修维护。

**针对货物的智慧管控模块**：货物基础信息建立，包含类型、效期、外形尺寸和重量等信息，构建货物资源数据库；对货物在库内收货、上架、存储、拣选和发货全流程管理和追踪；优化仓库布局和储位分配，分析仓库空间利用率。

## 1.1.2 智慧仓库装备技术

相比传统仓库,智慧仓库的一个显著特征是在系统执行层应用了各类智慧装备技术,包括自动导引运输车、无人叉车、货架穿梭车、智能穿戴设备等,主要用于仓内收货、上架、存储、拣选、集货、发货各工艺环节,可有效提升仓内的操作效率,降低物流成本。

**1. 收货上架环节智慧技术**

(1) 自然导航无人叉车

托盘搬运作业是将整托盘货物从运输车辆上搬运至收货区等待质检入库。传统自动化解决方案采用激光或惯性导航的无人叉车实现托盘搬运作业。这些无人叉车通常只能在某个固定的区域内,人为地设置好反光板、磁钉等标记物或反射器,不能随意地变化工作环境,存在很大的局限性。基于 SLAM(Simultaneous localization and mapping,同时定位与地图创建)技术实现无人叉车的自然导航,不需要安装标记或反射器,只需让装有环境感知传感器的无人叉车在未知环境中从某一位置出发,根据其移动过程中内部与外部传感器获取的感知信息进行自定位,同时逐渐建立一个连续的环境地图,然后在此地图的基础上可以实现无人叉车的精确定位与路径规划,完成导航任务[1]。自然导航无人叉车具有安装时间短、投入成本低、自由创建新路径等特点,是下一代智能无人叉车的发展方向。

(2) 智能拆垛机械手

拆垛作业是将转运托盘上码放的货物一箱箱搬运到输送线上。传统自动化解决方案是采用工业机器人手臂抓取或吸取完成,由于工业机器人手臂作业控制依据的是计算机系统数据库中存储的箱型尺寸和码垛规则,而不在线识别现场作业对象,因此只能实现从同一托盘中取出相同规格的箱子,当面临成千上万种货物箱型时数据库的维护是一个非常繁重的任务。电商公司收到的同一托盘上的货物箱型大小不一,且码垛无固定规则,传统工业机器人手臂难以操作。智能拆垛机械手借助 3D 视觉和深度学习算法,实现工业机器人手臂作业的自我训练、自我校正,无须箱型和垛型的数据库维护。工业机器人通过 3D 深度摄像头识别顶层货物轮廓,当首次拾起一个箱子时,它就建立起了一个关于箱子外形的模型,并基于这个模型加快对下一个箱子的识别。

**2. 存储环节智慧技术**

在传统集中式作业过程中,同一品规的货物以托盘为单元大批量进出仓库,存储环节最常用的自动化解决方案是自动化立体仓库(Automated Storage and Retrieval System，AS/RS），货物以托盘为单位存储在高位货架上，通过堆垛机完成托盘出入库作业。而在碎片式作业过程中，为便于后期海量品项、成千上万订单行的拆零拣选，货物更多以料箱方式进行存储，借助智能调度算法指挥小车群体完成货物出入库作业。

（1）KIVA 机器人系统

KIVA 机器人系统由成百上千个举升搬运货架单元的机器小车组成[2]。货物开箱后放置在货架单元上，通过货架单元底部的条码将货物与货架单元信息绑定，仓库地面布置条码网格，机器小车应用两台摄像机分别读取地面条码和货架单元底部的条码，在编码器、加速计和陀螺仪等传感器的配合下完成货物搬运导航。此外，机器小车不支持移动与转向同步，转向时需要固定在原地位置进行。该系统的核心是控制小车的集中式多智能体调度算法[3]。

（2）自动穿梭车仓库系统（Autonomous Vehicles Storage and Retrieval System，AVS/RS）

KIVA 机器人系统受货架单元的高度限制，仅能实现货物在平面空间上的存储，而自动穿梭车仓库系统则采用立体料箱式货架，实现了货物在仓库内立体空间的存储。入库前，货物经开箱后存入料箱，通过货架巷道前端的提升机将料箱送至某一层，然后由该层内的穿梭小车将货物存放至指定的货格内。当货物出库时，通过穿梭车与提升机的配合实现完成[4,5]。该系统的核心是通过货位分配优化算法和小车调度算法的设计，均衡各巷道之间以及单个巷道内各层之间的任务量，提高设备间并行工作时间，发挥设备的最大工作效率。

（3）细胞单元系统

KIVA 机器人系统中的自动导引小车实现地面搬运，自动穿梭车仓库系统中的穿梭车实现货架轨道上的搬运，新型细胞单元系统则是以上两种技术的融合。当细胞单元小车在货架或提升机上时，按照传统自动穿梭车的工作方式在轨道上运动；当离开货架到达地面时，可以切换至自动导引小车的工作方式在地面运行。在地面上的导航方式不同于 KIVA 机器人系统，采用的是基于无线传感网测距、激光测距仪测量和推测航行法的传感器融合技术，无线传感网实现信息通信以及全局定位，而激光测距仪测量和推测航行法实现位置跟踪和定位精度校正，相比 KIVA 机器人系统地面标签配合惯性导航的方式更加灵活[6]。细胞单元系统将立体货架存储空间与地面平面存储空间无缝链接在一起，代表了可扩展、高柔性化的小车群体技术的未来发展方向。

**3. 拣选环节智慧技术**

订单拣选方式分为人工拣选和自动化拣选两种类型。

(1) AR 辅助拣选技术

传统的人工拣选解决方案采用手持 RF（Radio Frequency，无线射频）拣选、电子标签拣选（Pick to Light）或语音拣选（Voice Directed Picking）方式。拣货人员根据货架上的指示灯或者手持 RF 以及穿戴设备中的提示，拣取货架中的货物。传统的人工拣选方式虽然作业准确率提高，但是要求拣货人员熟悉库房的布局。通过虚拟增强现实技术（Augmented Reality，AR）将真实世界和虚拟世界的信息进行"无缝"集成，通过 AR 眼镜自动识别库房环境，定位待拣货物位置，并自动规划拣选路径，建立线路导航，指引作业人员以最短的时间到达目标拣选货位，通过 AR 眼镜自动扫描货物条码，指导作业人员准确获取商品，解放双手，可大幅提高拣选作业效率[7]。

(2) 阵列式自动拣选技术

传统的自动化拣选设备是以 A 字架系统为代表的通道式拣选机，同一品项货物被整齐叠放在立式通道内，借助通道底部的弹射机构将货物拣选至输送线上，由于拣选通道沿输送线平行排列，单一货物品项分拣占地面积大，且设备成本较高，主要适用于拣选量大且集中于有限品项的配送中心，当面对拣选量大且涉及品项多的订单处理任务时，常因空间布局和设备成本限制而无法使用。为此阵列式自动拣选机设计研发并得到成功应用。阵列式自动拣选系统（Matrix Automated Order Picking System，MAOPS）是一类由大量水平倾斜式拣选通道在空间中排列组合而成的新型自动化拆零拣选系统。所有拣选通道以一定倾角在设备上安装，通道底部装有流利条，货物放置在流利条上，在重力作用下滑向通道前端。在每个拣选通道的前端装有一个弹出机构，弹出机构每动作一次，都会将通道最前端的单件货物拣出，拣出货物沿挡板下滑至输送线上，通道内剩余货物在重力作用下不断补充到弹出机构上，保证货物拣选的连续性。通道宽度可在一定范围内调整，以适应不同的货物尺寸，但每个通道内仅放相同品项的货物，拣选量大的货物可同时存储在多个拣选通道内。相同长度输送线对应的拣选通道数量约是 A 字架系统的 5~7 倍，而设备成本仅为 A 字架系统的 1/10~1/5。

(3) Delta 机械手拣选技术

阵列式拣选技术主要适用于包装标准的盒装品拣选，无法满足袋装、瓶装等其他货物包装类型的拣选需求。瑞典 Reymond Clavel 教授在 20 世纪 80 年代提出 Delta 并联机器人，其机械手的驱动电动机被设计在机架上，从动臂可以做成轻杆，因此末端可以获得很高的速度和加速度，特别适合轻型货物的高速分拣操作[8]。基于摄像机和计算机来模拟人的视觉功能，Delta 机械手能够实现动态拣选,并且机械手可以根据产品的不同尺寸和种类更换拾取器,因而适用的包装类型可以多种多样。此外,为了保证抓取的准确性,Delta 机械手需要借助人工智能技术训练同种商品在不同姿态下的识别准确率。

**4. 集货发货环节智慧技术**

在发货区内根据送货线路不同划分不同区块,集货分拣作业是将拣选完成的订单放置在对应送货线路的区块内。传统的自动化解决方案多采用基于斜轮分流器、滑块分拣机或交叉带机的自动化分拣线,分拣线仅能解决订单按照送货线路分类集中,但无法实现订单按照送货线路的固定顺序排列,只有等到装车发货时,由发货人员根据送货线路由远及近的客户顺序,将相应的订单货物依次挑出,装入车厢内,这严重影响装车效率。

智能发货分拣系统采用自动穿梭车技术,拣选完成的订单存储在立体货架内,穿梭车的存取货叉可根据箱型尺寸进行货叉间距调整,因而可以适用于不同尺寸的货物和不同类型的包装。当接到发货装车指令,订单货物会根据送货线路由远及近的客户顺序依次从货架中取出,通过输送线送至装车区域,若配合伸缩带机,可实现直接装车,减少了中间二次搬运环节,可大幅改善装车效率。此外,由于订单在发货区货架内进行立体存储,相比传统发货区的地面平面存储方式,空间利用率得到显著提高。

综上所述,智慧仓库装备技术发展有两个显著特点:一是基于数据挖掘、人工智能算法和自动感知识别技术机器人的快速融入;二是人机间的友好高效协作。对于拆垛、拣选等抓取类作业,配备 3D 机器视觉和人工智能算法的机械手可以逐渐应对各类外形重量的商品;对于卸车、入库、出库、集货等搬运类作业,配备各类导航设备和调度算法的自动导引小车机器人可以协同完成。机器人的融入,使得传统仓储物流系统由刚性变为柔性,而人工智能则使得物流作业更加高效和精准。与此同时,受商品多样性和高额建设成本的限制,全部采用机器人作业的无人仓仅会出现在个别行业或企业内部,并不具备一般适用性,因此在更多应用场景中会采用人机协作模式。例如在订单拣选环节中,KIVA 机器人系统或自动穿梭车仓库系统将待拣选货物料箱送至拣选台,由人工来完成拣选作业,人工拣选效率的提高依赖于拣选工位的设计,需要增加人机界面的友好性,让人工作的更愉快、更舒适,把工位做得更加人性化、智能化,可有效避免差错。

## 1.1.3 智慧仓库规划与设计原则

20 世纪五六十年代,仓库的作用主要是物料的存储与保管。随着 20 世纪 70

年代准时制（Just in Time，JIT）生产模式的快速兴起，小尺寸订单变得越来越多，库存变得越来越少，库存的减少使得对订单分拣活动的需求越来越大，仓库中设置专门的功能空间用于订单分拣作业。存储与保管为主要职能的仓库转换为集货物存储与订单分拣为一体的配送中心。20世纪90年代开始，延迟生产、大规模定制、供应链整合和物流全球化快速发展，仓库内部涌现出大量的越库作业和增值服务活动。配送中心演化变为物流中心，即在传统仓储与订单分拣功能基础上，增加了定制加工贴标和包装、装配、国际运输准备、越库作业等过程[9]。

**1. 基本工艺流程**

尽管仓库的类型与功能存在差异，但是仓库内部的主要工艺流程都基本相同。仓库的基本工艺流程如图1-1所示。

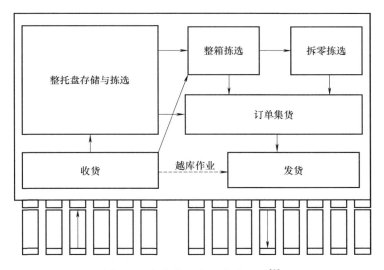

图1-1　仓库的基本工艺流程图[9]

1）收货与上架：对来货进行入库前卸货和接收；对货物数量和质量进行验收；将货物进行上架作业，搬运货物，并将其放置于指定存储位置。部分仓库具有越库流程，将入库的货物直接从收货区搬运至发货区，即一收货就开始履行订单。

2）存储：存储是货物在等待出库指令前的存储过程。

3）订单拣选：订单拣选是根据客户的订货需求，将货物从库内存储区或分拣区取出的过程，是仓库提供客户的一项最主要服务。根据拣选货物单元类型不同，通常把订单拣选作业分为托盘拣选作业、整箱拣选作业和拆零拣选作业。

4）集货、发货：集货包括订单合流或订单分拣，订单合流将订单拆分至各个分区拣选的货物合并至单个订单或订单组，订单分拣是将批次拣选订单组货物分拨至单个订单。在集货基础上，检查订单的完整性和准确性，订单复核后进行包装。最后，根据发货车辆或发货线路集合分拨订单包裹，完成装车任务。

**2. 智慧仓库规划与设计步骤**

智慧仓库规划与设计步骤如下：

（1）规划前调研分析

1）以问题为导向，规划前对仓库进行建模评估。采集现场仓库各工艺流程数据，构建仓库评价模型，分别从员工满意度、客户满意度和股东满意度三个层次对各个工艺流程进行评价，以发现现有工艺环节中的问题，将解决问题作为智慧仓库规划与设计的出发点。

2）借助大数据技术，绘制仓库画像。仓库画像是对客户订单、采购订单和运单的订单结构进行特征分析，提取货物的拣选频次、需求相关性以及在库数量周期变化特征。将仓库画像作为智慧仓库规划与设计的基础。

（2）基本流程设计

通过环节整合与简化，对流程进行再造。基于仓库画像与评估结果，应用各类智慧物流技术对各个环节进行流程再造。再造的原则是能整合的环节尽可能整合，不能整合的环节则尽可能简化，对环节间的衔接进行优化，实现最少的流程环节、最简单的动作、最短的动线、最大限度地减少库存。

（3）技术选型与能力设计

根据仓库各作业环节的功能要求，分析现有各类智慧仓库技术性能参数，综合考虑设备投资、维护费用以及人员成本、土地成本，根据仓库画像进行技术方案性价比评估，确定设备规格型号与数量。在很多规划中，针对不同类型货物的库内活动特征，选用多种仓库技术的有效组合，或是人工作业与仓库装备技术的协作，性价比会更优。

（4）仓库平面布局

计算仓库各功能环节所需空间，根据环节间相关性程度对仓库内的功能区进行布置，确定库内工艺平面布局和人员、设备、货物动线。考虑未来发展和改动，平面布局应有预留发展空间。

（5）库内运营设计

1）智慧仓库技术的配置优化和作业优化，以提高系统的运行效率和设备利用率。配置优化是在设备的数量和布局都确定的条件下，通过拣选品项选择与设备配比、品项分配、货位分配对设备进行优化。作业优化是在设备配置方案确定的条件下，通过订单排序、订单分批、品项访问顺序和订单拆分对设备进行优化。

2）制定智慧装备的人员操作程序与标准、设备维护方法和管理规范，设计应急方案措施。智能化程度越高的系统，一旦发生故障，其产生的影响可能越大，因此在操作人员严格按照系统的操作规范进行作业的同时，制定完善的应急措施，包括备份系统、备品备件准备等。

（6）构建智慧物流信息平台

应用物联网技术构建智慧物流信息平台，逐步实现仓内人、设备和货物的数字化管控，为管理层的智慧化决策提供支持。

## 1.2 智慧拆零拣选系统简介

拣选通常是仓库内劳动力最密集或资金最密集的作业环节。根据相关统计，在人工拣选系统中，拣选时间约占配送中心作业总时间的 30%～40%，拣选劳动量约占到配送中心总作业量的 60%[10]；在自动化拣选系统中，拣选设备成本约占整个配送中心设备投入的 50%～70%[11]。此外，分拣效率直接影响配送中心的作业效率，是决定配送中心服务水平高低和经营效益优劣的重要因素之一。因此，拣选是配送中心内最核心的作业环节。

根据拣货单位的不同，可将拣选作业分为三种类型（图 1-2），以托盘为拣货单位的整托盘拣选（Pallet Picking），以整箱为拣货单位的整箱拣选（Case Picking or Carton Picking），以小于一箱数量的货物为拣货单位的拆零拣选（Piece-picking or Broken-case Picking）。其中，对堆垛货物以整层为单位的拣选

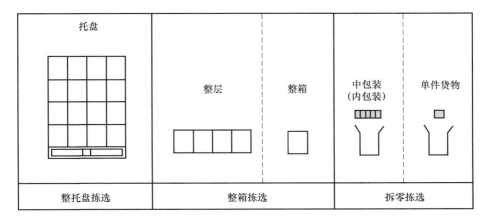

图 1-2 基于拣货单位的拣选方式分类图

方式属于整箱拣选的特例，对箱内货物以中包装为单位的拣选方式属于拆零拣选的特例。BARTHOLDI Ⅲ John J. 和 HACKMAN Steven T.[12]对基于人工拣选模式下的三种拣选类型的设计问题有系统的介绍。

随着近年来电子商务和连锁零售行业的快速发展，商业企业物流配送中心需要处理的多品种、小批量、多批次、高时效性的订单日益增多，拆零拣选成为劳动强度最大的拣选类型。在拆零拣选作业中，虽然每个订单包含货物数量不多，但是订单量大，并且需要从成千上万种的品规货物中拣选出货物最小单位包装。最典型的例子是国内大型 B2C 电子商务企业配送中心每天需要处理的订单近 99% 以上都是拆零订单，日均订单量在十万至百万个，每个订单仅含 1~5 个品项，但是全部订单所涉及的品项数量却是成千上万个，且这些海量的订单需要快速、准确地配送到终端客户手中。

在传统人工拣选系统中，订单拣选时间通常包括行走时间、抓取时间、寻找时间和单据处理时间及其他时间，各动作时间占订单拣选时间的比例如表 1-1 所示[12]。从精益管理的角度，抓取是创造价值的时间，而行走、寻找和单据处理都产生浪费的时间，其中行走时间所占比重最大。

表1-1 各动作时间占订单拣选时间的比例

| 动作 | 占订单拣选时间的比例（%） |
| --- | --- |
| 行走 | 55 |
| 寻找 | 15 |
| 抓取 | 10 |
| 单据处理及其他 | 20 |

在过去的十几年间，许多拆零拣选新技术得到成功开发与应用，这些新技术通过采用各种信息化设备和自动化装备实现了对订单高速准确的拣选。为与人员手持拣选单据穿越仓库拣货的传统人工拣选系统相区别，本书将采用新技术的拆零拣选系统称为"智慧拆零拣选系统"。根据智慧拆零拣选系统的技术特征，将现有智慧拆零拣选系统分为人到货、货到人和自动化三种模式。

如图 1-3 所示，在人到货模式中，拣货人员到分拣区内指定储位进行拣选，为保证拣选的准确性与高效率，借助电子标签提示、RF 手持终端或语音提示等信息化技术，从而有效减少打印、扫描订单的时间，提高了寻找货物的准确率和效率，很多配送中心将这些信息设备配合输送线一起使用，在一定程度上减少了拣货人员的行走距离。在货到人模式中，借助自动化旋转货架（Carousel）、自动穿梭车仓库系统、轻型载荷自动化仓库（Mini-load AS/RS）等自动化装备将单箱货物从仓库中取出，输送到拣货人员的面前，拣货人员根据灯光或电子标签的提示完成拆零拣选，消除人工找货、单据处理及行走时间所有人工拣选作业中的浪费时间。自动化拣选模式可以借助通道式自动化拣选设备完全代替人工拣选，高效准确地完成拆零订单拣选作业，该类设备虽然一般采用人工方式补货，但是人工补货成本要比纯人工拣选成本低得多。特别是当配送中心需要处理的拆零拣选订单数量大、订单响应时间短时，自动化拣选模式是一类有效的解决方案，本书研究的阵列式自动拣选系统属于该类模式。

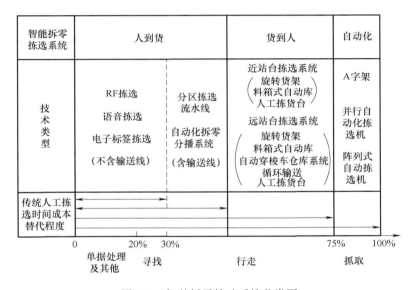

图 1-3　智慧拆零拣选系统分类图

虽然近年来自动化拣选技术的应用越来越广，但学术界对其研究相对较少，仅有部分文献且多集中在传统自动化拆零拣选设备 A 字架系统设计与优化上，即如何改进拣选机结构以提高单机性能，如何通过改进拣选策略来提高拣选机系统的拣选效率等。

在配送中心中，订单的高效分拣是订单履行效率的有力保证，而订单的快速响应可以有效提高客户对企业服务的满意度，因此订单拣选效率是衡量企业服务水平的一个主要指标。随着国内人均工资的不断提高，人工成本在企业经营成本中占比不断增大，控制和减少人工成本是企业赢利的主要运营策略之一，因此人工成本高低是衡量企业效益的一个主要指标。配送中心采用自动化拣选设备的主要目的是为了提高订单拣选效率的同时减少人工作业成本，即在提高服务水平赢得客户满意度的同时有效降低企业的运营成本。

本书的研究对象是一种新型的自动化拆零拣选设备——阵列式自动拣选机。传统的自动化拆零拣选设备 A 字架系统因系统布局、设备成本等方面的限制，多适用于拣选量集中于有限数量品项的订单分拣。为解决拣选量大且品项种类多的订单拣选问题，阵列式自动拣选机设计研发并得到成功应用[13]。

对于已有的智慧拆零拣选系统，为提高订单拣选效率，减少人工作业成本，现有文献常从战略层与战术层两方面进行优化，如图 1-4 所示。

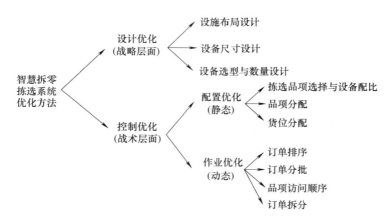

图 1-4　智慧拆零拣选系统的优化内容

由图 1-4 可知，设计优化属于战略层优化，主要包括设施布局设计、设备尺寸设计和设备选型与数量设计。控制优化属于战术层优化，主要包括配置优化和作业优化。

配置优化是在设备的数量和布局都确定的条件下，通过拣选品项选择与设备配比、品项分配、货位分配对设备进行优化。其中，拣选品项选择与设备配比是指设备拣选品项的选择以及现有设备数量在选定品项之间划分方法；品项分配是指品项在多组设备构成的拣货区或采用不同拣选系统类型的分拣区之间的分配方法；货位分配指品项在设备具体货位位置之间分配方法。这三个配置优化策略之间是层层深入的关系，拣选品项选择与设备配比是其他两个配置优化策略的基础，只有选定系统拣选品项并给每个品项分配一定数量设备，才能进行下一步的品项分配和货位分配。品项分配是将选定品项在系统内各组设备之间进行分配，品项在设备组内的具体位置并不确定；货位分配是将选定的品项在设备位置之间进行分配，相比其他两个配置优化策略，货位分配的方案最具体。由于配置优化方案的调整一般不能与设备运行同步，且需要花费一定的时间和调整成本，所以配置优化方案一旦确定通常会在一段运行周期内保持不变，因而属于一种静态优化。作业优化是在设备配置方案确定的条件下，通过订单排序、订单分批、品项访问顺序和订单拆分对设备进行优化。由于作业优化是根据现场订单任务生成，优化方案的实施可以在系统运行的间歇时间内快速完成，且实施成本相对较小，因而属于一种动态优化。值得注意的是，不是任意一个智慧拆零拣选系统都可以应用以上优化方法，具体的优化方法应根据现场智慧拆零拣选系统的技术特点来选择使用。

战略层优化由设备设计方案决定，与系统成本相关，所以一旦实施，很难再进行修改。战术层优化方法可在现场设备硬件方案基础上，进一步提高系统拣选效率，挖掘系统节省人工成本的潜能，具有更广泛的应用价值与研究意义。由于阵列式自动拣选设备的作业机理决定了订单排序、订单分批和品项访问顺序等作业优化策略对系统效率和节省人工成本影响较小，因此本书以系统总节省人工成本最大、订单处理总时间最小为目标，对阵列式自动拣选设备的配置优化方法进行研究。

## 1.3 智慧拆零拣选系统研究现状

国内外对于拆零拣选系统的相关研究主要集中在人工拣选领域，De Koster 等[14]对人工拣选系统的设计与控制进行了全面的研究。而在过去的十几年间，智慧拆零拣选系统的设计与优化问题已成为学术领域的研究热点，下面对现有智慧拆零拣选领域研究文献进行综述，既对已有研究成果进行系统总结，同时也作为本书研究问题的借鉴与参考。

### 1.3.1 人到货拆零拣选系统

如图 1-3 所示，对于不含输送线的人到货拆零拣选系统，仅是借助信息设备减少或消除订单处理时间和寻找货物时间的浪费，其他作业过程与人工拣选系统相同，作业人员仍须穿越仓库访问固定的货位进行货物拣选，该系统的设计与优化方法可以参考人工拣选领域的相关文献。因此，仅关注配合输送线的货到人拆零拣选系统的相关研究。

**1. 分区拣选流水线系统**

分区拣选是在货到人拆零拣选系统中常见的一类拣选策略。分区拣选系统将整个分拣区划分为多个拣货区，由一个或一组固定的拣货人员负责拣选某个拣货区内的货品。为减少人工分区拣选系统中大量的订单箱搬运作业及分区间订单箱的交接传递环节，通过输送线将多个拣货区串联构成一条分拣线，称为分区拣选流水线系统（Pick and Pass System）。如图1-5所示，主输送线连接不同拣货区，每个拣货区内部通常包括一个拣选站台、一组流利货架和一个专门的拣货人员。拣选站台由一段输送线组成，接收从主输送线上自动转移的订单箱，避免主输送线上的订单箱因等待拣选而发生的堵塞；流利货架上存放待拣货物，货架后端为人工整箱补货面，货架前端为人工拣选面，通常在人工拣选面安装电子标签系统；拣货人员根据货架上的电子标签提示将拣货区内货物拣选至对应订单箱，订单箱在拣货区内的拣选任务完成后，被人工推至主输送线，然后传递给下一个拣货区。

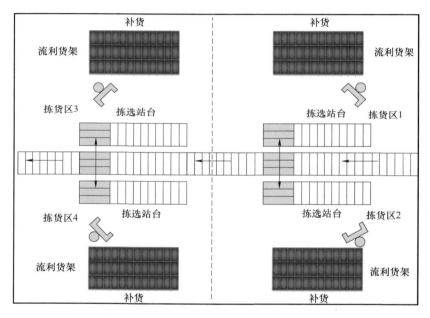

图1-5　流利货架式分区拣选流水线示意图

（1）设计优化

De Koster[15]将分区拣选流水线系统转化为Jackson排队网络，预计订单处理总时间。该模型假设每个拣选站台的服务时间遵循指数分布，客户订单到达遵循泊松过程。利用该网络分析拣货区数量与输送线速度变化对订单处理总时间的影响。

Yu等[16]将输送与拣货区视为服务员、将订单视为客户，将分区拣选流水线系统的拣选过程描述为G｜G｜m排队模型。他们假设一个订单箱对应一个拣货人员在一个拣货区内一次拣选任务，该任务含一个订单且每次拣选动作处理一个订单行,给出拣货区作业时间的均值和方差表达式。在此基础上,建立系统近似效率模型,并通过仿真和实际应用证明其有效性。该近似数学模型可以用来分析不同仓库策略(拣货区内货位分配、拣货区面积、拣货区内人员数量以及订单合并批次与订单拆分)对该拣选系统性能的影响。订单箱进入系统的频率对该系统性能影响很大,当订单箱集中到达系统时,会加重系统的作业负担,降低订单处理能力。将小订单合并为订单批次可以有效降低系统的订单箱进入量,减少系统订单处理时间;但是当订单箱进入系统频率低时,订单批次策略反而会增加系统订单处理时间。

Yu 等[17]将经典的分区拣选流水线模型进行了变换,每个分区内的流利货架用一组垂直于主输送线的巷道货架代替。针对该系统,在已有研究成果的基础上,考虑订单分批策略对系统的影响,建立包含批次拣选与订单分类的系统效率模型。

Melacini 等[18]研究了一类包含巷道货架和流利货架两类设备的分区拣选流水线,如图1-6所示。流利货架用来存放周转率高的货物,而巷道货架存储周转率低的货物。因为流利货架靠近输送线分布所以拣选效率高,而巷道货架相距输送线远,所以拣选效率低。拣选站台的位置选择在每个拣货区的中央,可以减少区

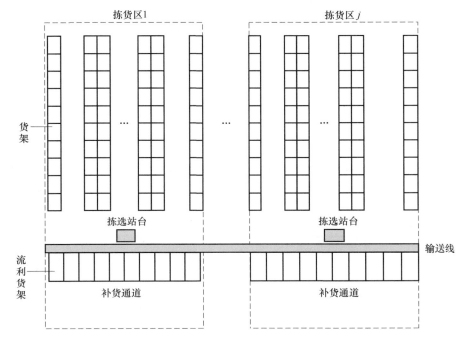

图1-6 巷道货架和流利货架组合式分区拣选流水线示意图

内平均行走距离。针对该系统，提出一种以给定效率条件下作业时间成本最小为目标的设计框架，该设计框架中应用解析模型估计行走距离，利用网络排队理论分析平均订单效率，适用于订单拣选系统选择阶段应用。

（2）控制优化

Jane[19]在假设各拣货区内单订单行人工拣选效率相同的条件下，提出一种启发式品项分配算法来均衡各拣货区内人员的工作量，保证整条分区拣选流水线系统的连续运行。

Jewkes等[20]将单个作业人员在一个拣货区内的拣选过程描述为马尔科夫过程，预计每个拣货人员在各自拣货区内的拣选时间，在此基础上，以系统拣选效率最大为优化目标建立品项分配模型，提出了一种动态规划算法对问题进行求解。

Pan等[21]通过将每一个拣货人员的行走时间描述为马尔科夫过程来估计拣选线上人员行走距离期望值，建立分区拣选流水线的解析模型，在此基础上，针对单个拣选分区内、等分区拣选流水线、不等分区拣选流水线三种情况，分别提出了三种品项分配优化算法。

Pan等[22]研究以合并订单批次数量少且各分区拣选任务均衡为优化目标的订单批次生成策略，应用一种基于群体遗传算法的启发式算法对问题进行求解。

Pan等[23]认为导致分区拣选流水线上拣货人员等待的原因有两个：各分区拣选任务的不平衡和因补货不及时引起的缺货。一旦拣选线上某货物发生缺货现象，拣货人员必须等待，直至仓储区的货物补入流利货架，而拣货人员的等待会影响系统的拣选效率。另外，拣货人员之间的任务不平衡会影响系统的效率。与生产流水线相似，当多个人员同时在各分区工作时，不平衡会降低订单履行效率，因为拣货人员需要等待线上的上游拣货人员拣选完成并将装有货物的订单箱传递过来后才可以拣选。在一条流水线上的前后两个相邻拣货区之间的拣选时间不同时，将会导致主输送线上的堵塞现象产生。文章提出了一种启发式遗传算法求解分区拣选流水线上的品项分配方案，可实现每种品项分配合理的存储空间，避免缺货的同时可平衡各拣货区的工作任务，提高系统的拣选效率。

**2. 自动拆零分播系统**

在人到货拆零拣选系统中，为了提高拣选效率，许多配送中心将多个订单合并为一个订单批次进行批次拣选。采用订单批次拣选需要增加分播作业，即将批次拣选的货物分播至相应客户订单的过程。Berg[24]对仓库系统的规划与控制中批次拣选策略进行了详细研究。

在电子商务配送中心内部，通常将大量小订单合并一个订单批次进行拣选，由于拣货人员可以在一次拣货行程中同时拣选多个订单，所以拣选效率大大提高，但是后续订单分播作业强度却大大增加。订单分播作业是将订单批次中的货物分离至独立订单。为降低分播作业强度，一类自动拆零分播系统已设计研发并成功应用[25]。如图1-7所示，在人工拣货区内，一组订单合并为一个订单批次被多个拣货人员同时拣选，每个拣货人员负责其中一部分货物的拣选任务。该订单批次拣选任务完成后，所有的货物被送至自动化拆零订单分播系统。通过设备或人工的方式在导入站台将批次拣选货物逐件放置在循环线上，一旦到达相应的订单箱，借助循环线上的动力机构，货物就会自动落入订单箱内。当订单完成后，包装人员对订单箱内货物复核，然后放置在输送线上运到相应的发货口。现有分播系统的相关研究主要关注用于发货理货区内自动化整箱分播系统，该系统通过环形输送线将拣选完成的整箱货物分播至对应的发货支线通道内，由工作人员将发货支线通道货物根据车辆送货顺序整理后装车。由于订单数量远大于发货支线通道，所以该系统经常发生输送线堵塞或货物再循环的问题。而对于自动拆零分播系统，通常订单数量小于或等于订单箱数量，因而不存在堵塞或货物再循环的问题。

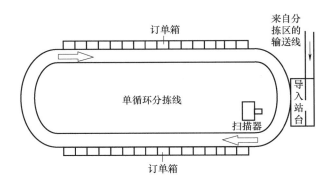

图1-7 自动拆零分播系统示意图

Johnson等[26]认为导入过程是该系统的瓶颈问题，决定了整个系统的效率。他们通过伯努利过程描述导入过程，建立自动拆零分播系统解析模型，该模型中包含导入过程中的随机需求、产品结构和人机交互等影响因素。在此基础上，通过模型分析人工导入站和自动导入站设计中应注意的问题。

Russell等[25]研究了在满足效率的前提下以成本最小化为目标的自动拆零分播系统类型的选择问题，提出在一定订单波次长度范围内的人工分播系统和自动化分播系统的理论效率曲线，并通过仿真分析表明，该理论效率曲线可以很好地测出系统实际效率。在此基础上，建立了包含需求率、劳动率、固定成本和可变成本、订单尺寸、波次尺寸和分拨能力等因素的系统描述性模型。通过该模型给出在不同系统配置下总成本最小的分播类型。通过试验仿真表明，在忽略随机影响的条件下，推荐的分播系统类型通常满足作业效率的要求。

### 1.3.2 货到人拆零拣选系统

在货到人拆零拣选系统中，装载货物的料箱通过自动化料箱存取仓库拣选出来并送至拣货人员面前，拣货人员根据电子标签或灯光提示进行拣选。该系统节省了人员行走、寻货和订单处理时间，在实现人员精益管理的同时大大提高了拆零拣选效率。

根据拣选站台与自动化料箱存取仓库连接方式的不同，可将货到人技术分为两类：近站台货到人拆零拣选系统和远站台货到人拆零拣选系统。在近站台货到人拆零拣选系统中，拣选站台与自动化料箱存取仓库直接相连，自动化料箱存取仓库将载货料箱直接运至拣选站台处拣选，拣选完成后，自动化料箱存取仓库将剩余的货物再送回至指定货位。如果系统中包含多组货架和多个拣选站台，则每个拣选站台固定对应一组或几组货架上的货物，因而存在同一张订单中货物通过不同拣选站台拣选的情况，此时需要增加后续订单合并作业环节。在远站台货到人拆零拣选系统中，自动化料箱存取仓库的一端与循环输送线相连，自动化料箱存取仓库首先将载货料箱运至循环输送线，通过循环输送线将料箱带至远离货架的拣选站台，拣选完成后再将料箱通过循环输送线送回货架。由于每个拣选站台拣选品项不受品项在各组货架分布情况的约束，因而每个拣选站台能独立完成一张完整客户订单的拣选。

**1. 近站台货到人拆零拣选系统**

在近站台货到人拆零拣选系统中，根据自动化料箱存取仓库类型的不同，可以分为旋转货架拣选系统和轻载荷自动化仓库拣选系统。

（1）旋转货架拣选系统

在旋转货架拣选系统中，旋转货架内部货位可以沿顺时针和逆时针两个方向闭环旋转，拣选站台设置于旋转货架的一端，货位沿任意方向旋转都可以到达拣选站台，由专门的拣货人员进行订单拣选，如图1-8所示。旋转货架通常由多层料箱货格组成，既可以多层共用一台旋转动力设备，也可以每层都安装独立的旋转动力设备。如果货架层数过多，超过拣货人员有效拣货高度，还需要配备垂直提升机协助拣货人员拣货。对于旋转货架拣选系统的优化研究，根据拣货人员与旋转货架数量的对应关系，可分为单人单货架优化和单人多货架优化。

图 1-8　旋转货架拣选系统〔源自：美国物流搬运协会网站（www.MHIA.org）〕

首先对单个拣货人员与单个旋转货架组成的单人单货架系统的优化问题进行文献综述，优化方法主要包括配置优化和作业优化。

**单人单货架配置优化**：有效的存储策略可以显著减少旋转货架的旋转距离。最简单的策略是将货架上的货物随机存储。Hwang 等[27,28]对随机存储策略应用效果进行了全面测试，得到在货架货物需求服从均匀分布时，系统的各种性能特征。Ha 等[29]提出一种相比随机存储策略更能改善系统效率的存储策略，并将其称为"双分类存储策略"，该策略根据货物的需求频次将货物分为高周转率货物和低周转率货物两类。高周转率的货物随机分布在旋转货架的连续区域，低周转率的货物分布在其余区域，通过仿真表明，基于双分类存储策略在单指令周期（一个周期仅拣选一件货物或仅存储一件货物）和双指令周期（一个周期内包含拣选一件货物和存储一件货物）可以显著减少旋转时间期望。

Stern 等[30]提出最大临近存储策略，即在订单内同时出现次数多的品项相临存储，通过建立马尔科夫链模型对该存储策略进行定量分析。Lim 等[31]提出风琴管货位分配策略，并证明在各种设置下都是最佳的。在旋转货架拣选系统中，风琴管货位分配策略将需求频次最高的货物放置在一个任意料箱内，需求频次排第二位和第三位的货物在需求频次最高的货物料箱位两侧临近存储，按照这种方法重复以上过程将货物按照频次降序依次相邻排列。Park 等[32]假设独立单品项订单按照泊松过程到达时，分析基于风琴管货位分配策略的系统效率，给出该策略相比随机分配策略的优化幅度，并且指出这些优化幅度随需求分布偏态程度的增加而增大。

Abdel-Malek 等[33]假设每个订单内包含一种货物，且订单拣选排序为马尔科夫链过程，研究对由 N 个料箱组成的旋转货架基于风琴管货位分配策略下的旋转时间。假设当前订单拣选料箱为 $p$，下一个订单拣选料箱 $q$ 的概率为 $P_{pq}$，以最小平均旋转时间为目标求最优货位分配策略。大量数值实验表明，尽管在该条件下风琴管货位分配策略不是最优的，但是很多系统性能参数都接近于最优值，该问题的最优解可通过二次指派问题进行求解。Litvak[34]指出通过基于大型订单数据的实验结果表明，一般最优存储策略取决于订单尺寸，对于大尺寸订单风琴管货位分配策略没有优化效果。

旋转货架设备配比优化问题是研究如何通过对货架上的各种品项进行货位空间划分实现连续拣选订单数量最大，所谓连续拣选是指在拣选过程中不出现缺货现象。Jacobs[35]、Yeh[36]、Kim[37]和 Li 等[38]针对该问题进行了研究，提出启发式算法求解。Hassini[39]在这一系列研究的基础上深化，求得最优空间配比，根据确定型与随机型需求下的精确最优解，提出了一种性能接近最优的启发式算法。

**单人单货架作业优化**：旋转货架系统订单处理总时间可以表示为货架系统旋转时间与系统静止等待拣选时间之和。系统静止等待拣选时间不受品项访问顺序的影响，但是系统旋转时间取决于品项访问顺序。针对单人单货架品项访问顺序问题，现有文献研究内容可以分为对单订单拣选模式下的品项访问排序问题和多订单拣选模式下的订单排序问题。

针对单订单拣选模式下的品项访问顺序问题，Bartholdi 等[40]提出了一种多项式算法求解该问题的最优值，通过枚举所有可能路径保证一定能找到最快的订单内拣选顺序。但当拣选数量大时，一些简单的启发式算法计算更简单且运行效果好。这些启发式算法都基于简单的拣选原则，如最近品项算法，在任何时间拣货人员都选择最靠近的品项作为下一个拣选对象；最近旋转方向算法，系统总选择旋转距离最短的方向（顺时针或逆时针旋转）；偏执启发式算法，总按照向右或向左旋转的顺序拣选货物。Litvak 等[41]在品项位置独立均匀分布的条件下，分析最近品项算法的系统旋转时间分布和渐进特性。

Litvak 等[42]提出另外一种旋转策略,称为 M 阶策略,即在拣选不超过 $m$ 种品项时通过改变旋转方向在继续拣选的 $2(m+1)$ 个路径中选择最近的路线。并证明在品项位置服从独立均匀分布的条件下,当 $m=2$ 时,该策略的平均旋转时间小于最近品项策略的平均旋转时间。

Ghosh 等[43]利用连续的簇和空描述旋转货架,将旋转货架的路径视作一个圆,簇是圆上订单拣选必须访问的一串位置,而空是圆上簇之间的部分。他们提出了两种算法求最优拣选策略,特别的地方在于,为了避免全部枚举,他们规定每一次旋转不能覆盖 1/3 的旋转货架长度。

Stern[30]研究了在开环策略和闭环策略下最优拣选顺序的特性。开环策略是指系统完成当前订单的最后一品项拣选任务后保持静止等待下一个订单的发起,而闭环策略是指当前订单的最后一品项拣选任务完成后都回到规定的位置,等待下一个订单的发起。分析表明,在开环策略下采用最优订单拣选顺序,旋转系统最多改变一次旋转方向,而在闭环策略下旋转系统最多改变两次旋转方向。Litvak 等[44]给出在闭环策略下,拣选品项随机分布的订单所需最小旋转时间的递归式分布表达式。

关于基于订单内品项位置相关性的系统旋转策略研究文献相对很少。Abdel-Malek 等[33]假设连续品项位置构成一个马尔科夫链,研究风琴管存储策略的性能。Stern[30]通过考虑多种订单类型,建立同一个订单内品项间的相关性,将每种订单类型对应一组品项列表。Wan 等[45]关注对于块状订单的最小拣选时间研究,块状订单是指该订单集中在旋转货架相对很小的部分,通过最近端点法求最优拣选顺序。在该情况下,品项位置不服从均匀分布,品项位置之间有很强的相关性。

张攀等[46]通过分析单拣选站台分层水平旋转货架系统的拣选路径特点,建立作业时间数学模型,并将其归结为城市间距离动态变化的旅行商问题。为求解该问题,首先提出基于层序邻域的快速局部搜索算法,在此基础上将局部搜索算法融入传统遗传算法,提出了一种新型混合遗传算法。仿真试验表明,该算法可高效、稳定地实现对中大规模的单拣选站台分层水平旋转货架系统拣选路径问题的求解。

在多订单拣选模式下,订单的拣选顺序任意,但是每个订单内的货物必须连续拣选,只有一个订单拣选完成后再拣选下一个订单。Bartholdi 等[40]定义最小跨越区间为一个订单内所有货物最短区间,假设拣货人员都是在该区间的任一端点开始或者结束订单拣选,在此基础上将订单排序构建最短订单链,提出了两种启发式算法。第一种是层次启发式算法,将恰好有重合区域端点的订单前后相连,其他订单则按照当前订单拣选结束后顺时针旋转至下一个未拣选订单端点的方式串联在一起。第二种是最近订单启发式算法,该算法是最近品项法的拓展。

Ghosh 等[43]假设订单按照先到先服务(First Come First Served,FCFS)的顺序进行拣选。因为订单按照先到先服务的模式进行拣选,所以该问题简化为通过单个订单内货物拣选顺序优化实现整体订单拣选时间的最小。他们通过动态规划提出了一种求多订单最优拣选顺序的算法,并且给出当新订单到达时如何动态更新当前订单内的拣选顺序。

Rouwenhorst 等[47]将旋转货架系统描述为 M/G/1 排队系统,订单是寻求服务的客户,它们获取服务的顺序取决于系统采用的拣选策略。

Berg[48]假设存在订单顺序给定和订单顺序任意两种情况,当订单顺序给定,他提出一种有效的动态规划算法求解在此特定订单顺序下的旋转最优路径;当订单顺序任意,他把问题简化为乡村邮递员问题,提出一类匹配树算法可在多项式时间内求最优解。

Lee 等[49]将品项和订单优化排序问题描述为多旅行商问题,即多个旅行商从各自中心城市出发访问周边城市后回到出发城市,每一个城市至少被一个旅行商访问一次的最小路径。他们提出了一种有效的启发式算法求解包含多品项的订单组拣选顺序优化方案。

**单人多货架优化**:在实际应用中已出现单个拣货人员对应多旋转货架的拣选模式。如图 1-9 所示,一个拣选站台对应多个水平旋转货架。这种系统配置允许在拣货人员从其中的一个旋转货架中取出货物的同时,其他旋转货架将下一步要拣选的货物旋转至拣选站台位置。通常借助电子

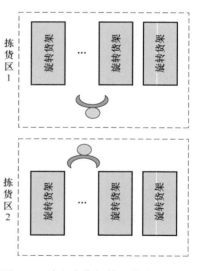

图 1-9 单人多货架拣选模式示意图

标签提示拣货人员拣选的位置与拣选货物的数量。当拣货人员将拣选货物放入相应订单箱后,行走至其他旋转货架继续拣选。

Emerson 等[50]首次对平面多旋转货架系统的性能进行了研究。Emerson 等对罗克韦尔柯林斯的电信产品仓库进行了仿真,系统包含 22 个旋转货架,每一对旋转货架包含一个独立的拣选站台,总共有 11 个拣选站台。他们关注的问题包

括应该划分多大的订单批次以保证所有人员高效工作的同时满足系统性能,当减少一个旋转货架或一个拣选站台会发生什么,超负荷或不平衡应如何处理。针对这些不平衡情况,Emerson 等研究了两条控制优化策略。第一条控制优化策略是研究了将七对旋转货架依次采用六种不同的存储方案。通过仿真模型研究存储规则对旋转货架系统的利用率影响。Emerson 等发现在不同的存储策略下各组旋转货架间利用率的差别并不明显。第二条控制优化策略是让一个流动拣货人员根据特殊需要(例如根据特定站点的队列长度)移动至不同拣选站台工作,该解决方案有利于处理该系统的不平衡问题。

Hwang 等[27]研究了单货架系统和双货架系统的性能。基于随机货位分配策略,建立单指令和双指令的旋转时间模型。在此基础上,Hwang 等[28]定量分析了双载具提升机对单旋转系统和双旋转系统作业效率的影响。双载具提升机在垂直轴干两侧各有一个独立作业存取设备单元,该双载具提升机一个作业周期可以完成两次存货和两次取货作业。从测试结果来看,双载具提升机比单载具提升机效率提高明显,如果配合双旋转系统则效率提高效果更加好。由于考虑成本问题,Hwang 等指出在实际应用之前,需要进行经济性评价来确定双旋转系统以及双载具提升机的附加成本。

Meller 等[51]研究了由一组旋转货架配合一个拣货人员构成的拣选系统的作业效率。他们首先提出一个旋转货架配合一个拣货人员构成的拣选系统订单处理总时间,在此基础上将 $C$ 个旋转货架作为一个排队系统来建模,其中每个旋转货架上有 $1/C$ 个拣货人员,利用 Gelenbe[52] 的扩散近似方法求系统作业效率近似值。

Hassini 等[53]针对双旋转货架配合单个拣货人员的拣选系统,研究了以系统长期旋转时间期望最小为目标的货位分配问题。他们忽略由于缺货引起的系统延迟,假设货物在任何时间都是充足的,并且系统仅处理单品项订单,即订单不能分批处理。该研究针对单品项订单采用先到先服务的原则处理,或者只有当目前品项被拣选后才确定拣选下一个品项的情况,通过设计简单的启发式算法实现求解。

Park 等[54]假设待拣品项数量无限多且每个订单仅含一个品项的情况,对以上模型进行研究。Park 等并没有研究存储策略问题,而是研究一个拣货人员在两个旋转系统中轮流作业的情况。该情况可能导致拣货人员必须在当前要操作的旋转系统等待很久,一直到货物送至他面前。Park 等推导出在拣选数量固定的条件下拣货人员等待时间分布,由此建立系统效率与拣货人员利用率的数学表达式。Vlasiou 等[55-59]通过取消与拣选次数或旋转次数相关的所有假设,对在参考文献[54]中提出的模型进行了扩展研究。

(2) 轻载荷自动化仓库拣选系统

轻载荷自动化仓库是一种以料箱为存取对象的单元负载自动化仓库（Unit-load AS/RS），一次取货作业过程包含巷道内堆垛机将单个料箱货物从货架上取出，送至巷道端头的出入口位置；一次存货作业过程包含巷道内堆垛机将出入口处单个料箱货物输送至相应的货架位置。对于存货或取货作业完成后到在下一次任务开始之前堆垛机驻停位置的选择涉及驻停点策略问题。Roodbergen 等[60]对单元负载自动化仓库控制策略进行了详细的研究综述，包括货位分配、订单分批、驻停点策略、存取任务排序及运行时间估计。

轻载荷自动化仓库拣选系统（图 1-10）是一类由拣选站台和轻载荷自动化仓库构成的货到人拆零拣选系统，该系统的优化是对料箱存取过程和人工拣货过程的整体优化，本书仅对与轻载荷自动化仓库拣选系统相关的研究文献进行综述。

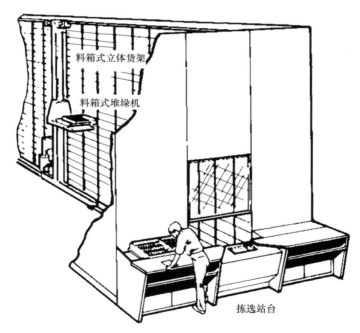

图 1-10　轻载荷自动化仓库拣选系统示意图
（源自：美国物流搬运协会网站（WWW. MHIA. org））

在轻载荷自动化仓库拣选系统中，拣选站台通常有两种布局方式：双拣货位和马蹄式拣货位，如图 1-11 所示。对于采用双拣货位布局方式的轻载荷自动化仓库拣选系统，货架巷道一端分别设置左右两个拣货位，当其中的一个拣货位上的货物被拣选的同时,堆垛机将另一个拣货位上的料箱送回货架指定位置,返回时取下一个拣选料箱至拣货位。当堆垛机将下一个拣选料箱送至拣选站台之前,拣货人员若已完成任务,则拣货人员存在等待时间;而当拣货人员完成当前任务之前,堆垛机将下一个拣选料箱送至拣选站台,则堆垛机存在等待时间。对于采用马蹄式拣货位布局方式的轻载荷自动化仓库拣选系统,在货架巷道一端设置出库缓存和入库缓存,通过一段输送实现料箱从出库缓存到入库缓存的传递。堆垛机一直工作在双指令周期状态下,即在一次作业周期处理两个料箱。

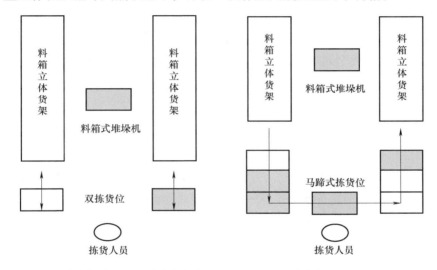

图 1-11 轻载荷自动化仓库拣选系统拣选站台类型示意图

Bozer 等[61]建立了随机存储策略下轻载荷自动化仓库拣选系统近似性能模型,用以确定满足存储能力和效率限制的最小巷道数量。他们假设每个巷道对应一个拣货人员,每个巷道两个拣选位,并且存取系统工作在单指令周期状态下。基于更新过程法推导在拣选时间指数分布或确定值下近似作业周期时间期望。文献提出的用于确定最小巷道数量的设计算法,也可以用来求拣货人员和存取设备的利用率。对于指数分布型和确定型拣选时间,系统作业效率随巷道数量增加而近似线性增加。

Bozer 等[62]在参考文献 [61] 基础上进行拓展,研究了每个巷道包含多个拣货位和每个拣货人员同时对应多个巷道的情况。他们提出算法用于当每个拣货人员分配巷道数量给定的条件下,确定该拣选系统所需的最少拣货人数,并且基于近似模型估计拣货人员和堆垛机的利用率期望。对于单个巷道配置两个拣货位的系统,他们提出两种启发算法,通过调整每个订单内拣选料箱的出库顺序来提高拣货人员的利用率。

Koh 等[63]针对以往每个拣货人员只负责一个巷道的情况提出改进,假设每个拣货人员可以同时负责多个巷道,该系统可以转化为基于队列长度限制的排队系统。文献分析了队列模型并找出系统长期的运行规律,同时提出一个简单的优化模型来确定缓存区的规模。

Mahajan 等[64]提出一种最近料箱拣选排序算法,通过改变料箱的拣选出库顺序来提高系统效率。同时建立一个解析模型,用以预测算法的性能。通过模型仿真分析,最近料箱拣选排序算法相比传统先到先服务排序法,能有效提升系统的分拣效率。该算法主要用于优化同一订单内的料箱拣选顺序及连续若干订单的拣选顺序。

Pulat 等[65]研究了基于马蹄状拣选站台的轻载荷自动化仓库拣选系统,研究内容包括系统拣货人员及堆垛机的各种状态,在研究中采用了仿真、开放的排队网络模型及动态采样等多种方法。

Park 等[66]将基于马蹄状拣选站台的轻载荷自动化仓库拣选系统用双循环排队系统描述,该系统包含一个服从均匀服务时间的服务员(代表堆垛机)、一个服从指数服务时间的服务员(代表拣货人员)和一个有限服务能力的队列。建立稳定状态概率、拣货人员和存取设备的利用率、队列中容器平均数量、每一个队列中的平均滞留时间和系统效率的封闭形式表达式。通过增加缓存能力得到的最大拣选效率大于或等于无缓存下系统效率的 2 倍。当拣选任务多时,系统始终运行在双指令周期指令状态下,并最终会达到最大拣选效率。

Foley 等[67]在假设订单先到先服务、拣选时间服从一般概率分布的情况下,建立随机货位分配策略下系统最大效率的精确表达式。该效率表达式中的输入变量包括货架维度、料箱式堆垛机速度和拣货人员速度,输出量为双指令周期下作业时间分布和拣货人员、料箱堆垛机的利用率。

Foley 等[68]鉴于设计者往往对系统的信息所知不详,提出了一种分析方法,根据分拣时间分布规律的部分已知信息来确定系统效率的上下限值,用于系统设计过程中的参数配置。

Park 等[69]分析了系统中堆垛机行驶时间,建立了用于基于周转率货物存储的货架内堆垛机行驶时间模型,用于计算堆垛机双向行驶时间的平均值和方差。

Park 等[70]研究了轻载荷自动化仓库拣选系统的分区存储策略,该策略主要是基于周转率的高低将货位划分为高周转区与低周转区。在分拣时间为确定性分布和指数分布两种情况下,给出详细分拣效率表达式。Park[71]对于采用双分区策略的系统给出单指令周期和双指令周期作业时间的均值和方差。

Moon 等[72]研究了采用两类分区与一个公共区相结合的分区存储策略。其中,公共分区是处于两个分区之间的区域,区域内可以存储任意分区内的货物。通过仿真研究,分析公共分区对于堆垛机行驶、等待时间、作业效率的改善性能。通过对不同尺寸的公共分区的系统研究发现,占比为 30% 的公共分区尺寸最优。当在高周转率区与低周转率区之间存在大量需求变化大的货物时,公共分区的效果明显。

**2. 远站台货到人拆零拣选系统**

远站台货到人拆零拣选系统由多个拣选站台、一套循环输送线和一组自动化料箱存取仓库组成,如图 1-12 所示。循环输送系统完成自动化料箱存取仓库与拣选站台之间的拣货料箱的传送工作,并且实现拣选站台与仓库巷道之间的解耦,即多个拣选站台共用一套仓库系统。远站台货到人拆零拣选系统相比近站台货到人拣选系统的优势在于,通过一个循环输送线实现每一个拣选站台都可以对仓库内所有品项进行拣选,即每一个拣选站台可以拣选任意巷道内的品项。

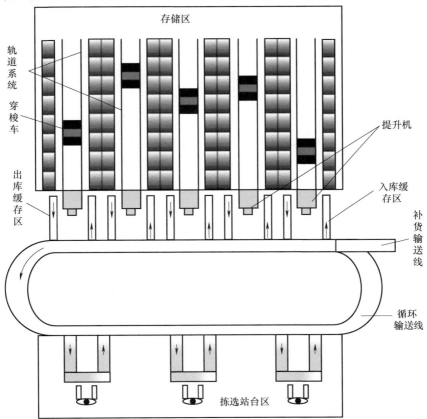

图 1-12 基于自动穿梭车仓库系统的远站台货到人拆零拣选系统布局图

值得注意的是，在远站台货到人拆零拣选系统中，自动化料箱存取仓库除了采用料箱旋转货架、轻载荷自动化仓库之外，一类新型高速的料箱自动化仓库——自动穿梭车仓库系统得到成功应用，如图 1-13 所示。Malmborg 等[4,5]最早开始自动穿梭车仓库系统的分析研究，自动穿梭车式自动化仓库系统包括在轨道货架系统内同一层巷道内运行的穿梭车、巷道端头的提升机和出入库缓存。借助提升机可以实现穿梭车在不同层上运行。因此，相比传统自动化料箱存取仓库，自动穿梭车仓库系统的作业能力大幅度提高，同时具备系统构建灵活、设备作业柔性强的优点，每台穿梭车可以服务任意货位，不会因为某辆小车故障而影响整个仓库的出入库操作。穿梭车式自动存取系统被认为是下一代多载具自动化仓储技术[74]。

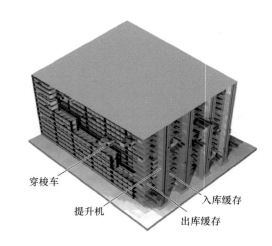

图 1-13　自动穿梭车仓库系统布局图[73]

Perry 等[75]利用基于事件驱动的离散时间仿真模型实现了远站台货到人拆零拣选系统的辅助设计。他们利用简单的数学期望模型输入设计参数初始值，然后根据模型输出的系统效率对设计进行调整。通过实验表明，输送系统是整个系统效率的瓶颈。

Park[76]提出依据循环系统的作业周期的前两阶时刻决定拣选站台的拣选顺序。通过假设拣选需求的产生服从泊松分布，Park 建立了循环系统拣选请求的等待时间期望。

Guller 等[77]利用多智能体建模方法建立基于自动穿梭车式的订单拣选系统仿真模型，并通过该模型评估系统的性能，为系统设计提供辅助。

Andriansyah[78]应用仿真语言建立了基于料箱高速堆垛机的自动化立体仓库的离散事件仿真模型。该仿真研究的主要贡献是提出柔性化、模块化的模型架构，不同控制算法、设计参数和模型结构可以快速、便捷地合并于架构中。该模型的特点是包含分散控制结构和过程之间的最小化通信。在模块中的不同层引入独立决策控制单元，只要过程之间保持相同的通信数据类型，对某一过程应用不同控制策略不会对模型中的其他过程产生任何影响。最小化通信可以使模型中各模块间的信息被高效利用。

Pazour[79]研究了远站台拣选系统的存储能力和作业效率。首先建立描述含库存池和不含库存池的订单拣选系统存储能力量化差异的概率模型，分析应用远站台货到人拆零拣选系统处理包含滞销或小批量品项订单的库存潜力。在此基础上，通过独立分析每个子系统，并将多个子系统解析模型合并在一起建立远站台货到人拆零拣选系统作业效率的数学模型。然后通过案例分析将远站台货到人拆零拣选系统和近站台货到人拆零拣选系统的性能进行比较，作为现场管理人员进行系统方案选择与设计的依据。为分析存储子系统的作业效率，采用单指令周期模式下旋转货架批次拣选作业时间模型。采用已有的稳态条件数学模型判断循环传输线子系统是否运行稳定，进而确定满足订单拣选效率所需订单拣选站台的数量。

王文蕊[80]对输送系统及拣选站台的设计做出改进，同时提出品项分配、订单分配、订单排序优化策略，减少订单处理过程中系统的料箱出库总次数、出库距离和输送距离，从而实现提高系统订单处理效率的目标。

## 1.3.3 自动化拆零拣选系统

### 1. A 字架系统

A 字架系统是自动化拆零拣选设备中最具代表性的一类设备，如图 1-14 所示。该设备通道内存储一定量的货物，工作时通道将货物逐件弹射至输送机构，适合拣选外形规则且尺寸较小的盒装品，在国内外烟草、医药、化妆品等行业物流配送中心得到广泛应用[81]。

（1）设计优化

张小勇[82]采用 ABC 分类法为品项选择拣选设备，提出 A 类品项货物选择基于自动化补货的自动拣选系统，B 类品项选择基于人工补货的自动拣选系统，C 类品项采用人工拣选方式。

参考文献［83-85］根据烟草行业的货物包装特点，对 A 字架进行改造，设计开发了水平宽通道式自动拣选机——卧式机。补货人员可在卧式机通道内一次补入整箱货物，有效降低了补货强度，并且单个通道可在一个出货动作内将多件货物送至输送机构，拣选速度更快，但单品项拣选占地面积更大，设备成本更高。所以，在现场应用中为兼顾系统效率与成本，通常将卧式机与 A 字机组合使用，构成复合拣选系统（Complex Automated Picking System，CAPS）[86]，此外拣选机的选型优化也在参考文献[85]中有所体现。

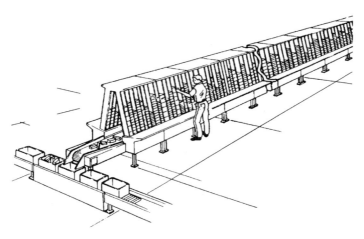

图 1-14　A 字架系统示意图（源自：美国物流搬运协会网站（WWW. MHIA. org））

刘德宝[87]、李静[88]分别基于 EIQ 分析方法研究了以满足拣选效率前提下尽量减少系统成本为目标的 CAPS 中拣选机选型问题。刘德宝提出将拣选量大的品项分配给卧式机，拣选量小的分配给 A 字架，拣选量极小的分配给人工拣选。李静提出了基于成本临界点的设备单元配置优化方法。

肖际伟[89,90]采用数学方法对 CAPS 拣选机组合问题进行建模求解，为确定 CAPS 的拣选机组合提供定量方法。

秦峰华[91]通过分析卧式机和 A 字架的工作原理，给出拣选机各动作性能指标测试方法与性能差异，在此基础上，制定拣选机各机构性能标准并定义标准拣选机，优化拣选机组的整体力学性能。

（2）配置优化

Caputo 等[13]设计了一套决策支持工具，用来根据监测到的一个周期订单需求对自动化分拣系统进行系统设定和动态调整。通过启发式规则，调整下一个作业周期的系统设置，评估产品替换，调整通道数量，确定通道内货物补货下限。

Jernigan[92]和 Bartholdi 等[93]提出一种基于补货次数与分拣成本的 A 字架系统的品项分配与配置的方法。在模型中，没有考虑设备投资，假设每种订单履行区域的存储能力已知，每次补货作业无论补货货物数量多少，其一次补货时间是一个确定值，并且可以立即执行，在此基础上分析了 A 字架系统的最小补货次数。他们的补货计划可利用连续空间最优配比法来分配设备空间，但没有考虑通道的离散性、货物长度的差异或货物是否可以放入被分配的空间。

Hackman 等[94]提出了启发式排名确定在 AS/RS 中的品项分配方法。该方法目标函数基于流体模型的最少补货次数，分析每当一个货物从 AS/RS 中取出可节省的时间与劳动力（与传统人工作业过程相比），从存储区向 AS/RS 补货的成本。他们假设补货费用与补货货物数量无关。

Bartholdi 等[12]比较了连续空间最优配比法与传统的两种仓储策略：等空间和等时间分配方法的性能优劣。

Liu 等[95,96]将 Jernigan 的工作进行了拓展，分析了由 A 字架和卧式拣选机组成的 CAPS 品项分配和设备配比问题。在假设补货费用与补货货物数量无关的条件下，根据所需补货次数最少确定每种货物所占用的通道数量。应用基于作业效率排序的贪婪算法确定货物在 A 字架和卧式机中的分配规则。

Meller 等[97]提出用一种启发式贪婪算法来实现 A 字架系统的配置，该方法考虑作业成本与设备成本。Meller 等[98]应用等时间分配策略，提出一种最优的 A 字架系统品项选择与通道配比方法。在这两篇参考文献中，都假设系统拣选效率满足，并且不考虑品项选择与通道配比对 A 字架系统的效率影响。

Pazour 等[99]假设 A 字架系统内补入单件货物的时间为常数，以人员补货成本和设备成本最小为目标，提出用数学规划方法来确定现场 A 字架设备的使用总数和每种品项分配的通道数量。然后在拣选效率确定的条件下，建立系统效率模型，提出了启发式算法，通过调整品项通道的配比满足系统效率约束条件。通过医药物流中心现场案例分析表明，A 字架系统在处理单订单内品项数量少、单订单行内货物数量多、拣选量集中在有限的品项的订单时，节省人力成本多，在单订单行内货物数量少、拣选量分散在不同品项的订单时，效率高。

王帅安[100]研究了货物包装能力约束下的订单排序问题，提出长短交替法和单步最优法两种启发式算法，并应用均匀分布法、遗传算法和改进分支定界三种方法对多分拣线平衡问题进行求解。

**2. 并行自动拣选系统**

Wu 等[101]设计了一种基于预分拣缓存的并行自动拣选机系统。如图 1-15 所示，并行自动拣选系统是在单个或多个 A 字架的基础上增加预分拣缓存区，工作时 A 字架按照订单要求将货物弹射至对应预分拣缓存区，预分拣缓存区按顺序依次打开合流挡板，将货物合并至输送线上。传统 A 字架只有拣选到该订单时才开始货物拣选，因而拣选货物之间存在弹射作业时间间隔，而基于预分拣缓存的并行自动拣选系统可在当前拣选任务完毕后，提前把下一个订单的货物预分拣完毕存储于缓存区中，因此，拣选货物间弹射作业时间间隔在此被提前压缩，当分拣到该订单时，快速打开合流挡板把货物合并至输送线上[102]。多台并行自动拣选系统通过输送机构串联在一起，每台并行自动拣选系统是一个独立的拣货区，由于不同的拣货区可以同时对同一个订单进行拣选，因此该系统属于并行分区自动拣选系统。

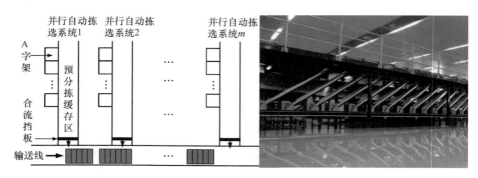

图 1-15　并行自动拣选系统布局图

张贻弓等[103]分析了订单排序对双拣货区并行自动拣选系统订单处理总时间的影响，建立了数学模型并将其归结为旅行商问题，采用最大最小蚁群算法对模型进行求解。

吴颖颖[104]对多拣货区并行自动拣选系统订单排序优化问题进行研究，建立了订单排序模型并将其简化为旅行商问题，提出用改进型自适应遗传算法进行模型求解。

张贻弓等[105]为减少并行自动拣选系统拣选合流时存在的延时时间问题，以拣选量在各拣货区间均分为优化目标，建立品项分配模型并将其归结为聚类问题，根据并行自动拣选系统作业的特点提出两种品项相关性系数，并在此基础上设计聚类算法来确定品项在各拣货区中的分配。

张贻弓等[106]以拣选量在各拣货区间均分为优化目标，建立了品项分配模型并将其归结为聚类问题，提出以曼哈顿距离来描述两个品项之间的关系，并在此基础上设计基于划分的复合聚类算法来进行问题求解。

吴颖颖等[107]将并行自动拣选系统优化目标由订单处理总时间最小转化为延迟因子总和最小，提出用基于两品项交换的禁忌搜索算法来求解品项分配问题。

卢少平等[108]综合分析了并行自动拣选系统的拣货区数量、缓冲区容量和品项分配对并行分区拣选策略下系统效率的影响，设计了一套对并行分区拣选系统的综合优化方法。

以上并行自动拣选系统品项分配问题研究都是基于单品项分配相同拣货区的假设条件，而在实际工作中，由于缓存区容量的限制，缓存区存储的货物数量有限，因此对于平均单订单拣选量大的品项应进行品项拆分，即将一个品项平均分配至多个拣货区。吴颖颖等[109]分析了在每个拣货区仅容纳一个品项且拣选量大的品项进行品项拆分时，品项分配对自动拣选系统效率的影响，通过引入延迟因子建立数学模型，并在此基础上提出了启发式订单拆分算法来进行求解。

王艳艳等[110]分析了各拣选机分拣延迟时间对并行自动拣选系统分拣效率的影响，以最小化总分拣延迟时间为优化目标建立拣选量拆分模型，设计启发式自适应遗传算法来对模型求解。

吴颖颖等[111]以并行自动拣选系统等待时间最小为优化目标，建立了订单拆分数学模型。为求解模型，提出订单拆分的必要条件，并在此基础上设计了启发式禁忌订单拆分算法来进行求解。

综上所述，关于智慧拆零拣选系统的研究文献存在以下特点：

1）货到人拣选方式的优化研究较多，尤其是近站台货到人拣选系统的研究较为集中，而自动化拣选系统和远站台货到人拣选系统的优化研究相对较少。

2）以订单处理总时间最小或以成本最小为优化目标的单目标优化研究较多，综合考虑两个目标的优化研究较少。

3）自动化拣选系统中对于传统 A 字架系统的优化较集中，而 A 字架系统因系统布局、设备成本等方面的限制，多适用于拣选量集中于有限数量品项的订单分拣。阵列式自动拣选系统适用于拣选量大且品项种类多的订单拣选，针对该系统的配置优化问题尚未有文献提出或研究过。

# 第 2 章

# 阵列式自动拣选系统

阵列式自动拣选系统是一类新型的自动化拆零拣选系统。本章在介绍阵列式自动拣选机的结构和多台阵列式自动拣选机构成的拣选系统布局的基础上，通过对工程现场人工与自动化双拣选区整体作业流程进行描述，分析分拣区内人工成本的组成，从配置优化的角度分析影响系统总节省人工成本的因素；通过将每个通道列视为单个拣货区，将单台设备等效为一套串行分区自动拣选系统，对单台阵列式自动拣选机内各拣货区的工作时序进行描述，建立单机和多机构成的拣选系统在串行合流和并行合流下的订单处理总时间模型，从配置优化的角度分析影响订单处理总时间的主要因素。

## 2.1 系统结构与布局

### 2.1.1 阵列式自动拣选机结构

以 A 字架系统为代表的通道式自动拣选设备的拣选通道沿输送线平行排列，单一货物品项分拣占地面积大，且设备成本较高，主要适用于拣选量大且集中于有限品项的配送中心，当面对拣选量大且涉及品项多的订单处理任务时常因空间布局和设备成本限制而无法使用。为此开始了阵列式自动拣选机的设计与研发并得到成功应用[13]。

如图 2-1 所示，单台阵列式自动拣选机由 $n$ 层、$m$ 列共 $n \times m$ 个拣选通道及一套挡板、输送线和控制柜组成。为方便分析，将在垂直方向上处于同一列的 $n$ 个拣选通道称为一个通道列。所有拣选通道以一定倾角在设备上安装，通道底部装有流利条，货物放置在流利条上，在重力作用下滑向通道前端。在每个拣选通道的前端装有一个弹出机构,弹出机构每动作一次,都会将通道最前端的单件货物拣出,拣出货物沿挡板下滑至输送线上,通道内剩余货物在重力作用下不断补充到弹出机构上,保证货物拣选的连续性。通道宽度可在一定范围内调整,以适应不同的货物尺寸,但每个通道内仅放相同品项的货物,拣选量大的货物可同时存储在多个拣选通道内。相同长度输送线对应的拣选通道数量约是 A 字架系统的 5~7 倍,而设备成本仅为 A 字架系统的 1/10~1/5。图 2-2 给出阵列式自动拣选系统工程现场图。

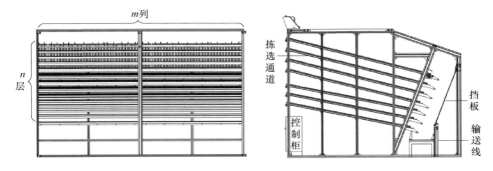

图 2-1　阵列式自动拣选机结构示意图

图 2-2　阵列式自动拣选系统工程现场图

## 2.1.2　阵列式自动拣选系统布局

在实际应用中,拣选品项数量通常大于单台阵列式自动拣选机的拣选通道总数,因此将多台阵列式自动拣选机借助一套输送线串联在一起,构成阵列式自动拣选线。如图 2-3 所示,阵列式自动拣选系统由多台阵列式自动拣选设备、多组补货货架和一套输送线及装箱设备构成。每台阵列式自动拣选机拣出货物至输送线上，在输送线前端的装箱设备将完成拣选的订单收集到周转箱内。

在系统工作过程中，若因补货不及时造成设备缺货时，为保证拣选作业的连续性，通常采用跳过缺货拣选任务的方式处理，但由此产生的漏拣货物仍需通过后续的人工拣选来完成，所以阵列式自动拣选系统的缺货成本很高。为减少缺货造成的影响，当设备上货物库存低于某一安全库存时，会通过报警信号通知补货人员及时补货，补货人员将货物从补货货架上取出，补充到缺货的拣选通道内，保证订单连续拣选。在系统拣选通道补货端设置补货区，将补货货架在补货区内排列摆放，补货区在货物存储区和阵列式自动拣选线之间起到桥梁作用，一方面可减少人员行走距离，以降低自动化拣选的补货成本；另一方面有效缩短从补货信号提示到人工补货完成之间的提前期时间，保证补货作业的及时性。当然系统也可以不采用补货区的方式，直接从存储区取货补入设备，这样可以有效减少补货的人工成本，但是会造成系统缺货成本增加，因而这种布局方式是针对阵列式自动拣选系统缺货成本高的特点而专门设计的。

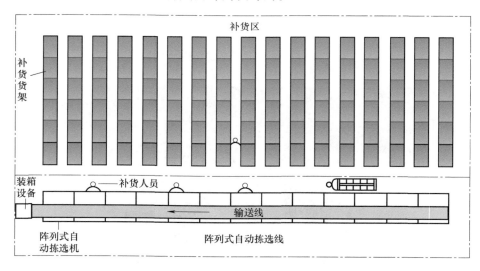

图 2-3　阵列式自动拣选系统平面布局图

本书对研究的阵列式自动拣选系统及工程现场做如下设定：

1）配送中心内同时采用阵列式自动拣选系统和人工拣选系统对订单进行处理，且每一种品项仅能通过阵列式自动拣选和人工拣选中一类模式进行分拣。

2）拣选货物尺寸较小，设备内所有通道列沿输送方向宽度近似相同。

3）各拣选通道弹出单位货物的速度相同，货物从不同高度的弹出机构滑落到输送线的时间差距不大。

4）输送线传输速度固定，且相邻订单间距足够大，保证后一个订单第一通道列开始工作时前一个订单最后一通道列已拣选完成。

5）输送线上相邻订单间距忽略不计。

6）各拣选通道的长度和能存放货物的最大重量相同。

7）拣选开始后，各拣选通道的人工补货及时，保证所有拣选通道无缺货现象。

8）同一个品项分配的通道列数小于或等于 $n$，且相同品项的不同拣选通道必须在同一个通道列，保证补货人员快速准确的补货。

9）对于分配多个拣选通道的品项，将该品项在同一订单拣选量按照均分原则拆分至不同通道分别作业。

10）同一条阵列式自动拣选线内所有阵列式自动拣选机的型号相同，即所有单机结构配置、性能参数全部相同。

## 2.2 系统人工成本分析

为全面分析阵列式自动拣选系统订单处理过程中补货人工成本构成，需要对应用该系统的配送中心仓库内部的整体作业流程进行介绍。

### 2.2.1 配送中心仓库内作业流程

图 2-4 给出同时采用自动化分拣与人工分拣两类系统的配送中心仓库布局，仓库内部划分为收货整货区、存储区、分拣区和发货理货区四个功能区域。在收货整理区，主要进行从送货车辆上卸货、检验来货中是否有质量数量问题等工作。在存储区内，主要进行货物出入库搬运、货物日常保养与定期盘点。在分拣区内，进行客户订单的拣选作业与订单包装。在发货理货区，将拣选完成的订单以特定的集装形式打包或整托盘堆放的形式集放在与发货线路相对应的指定区域，等待装车发货。值得注意的是，在高效的物流配送中心仓库内，通常将货物存储与货物分拣两种功能分离，在库内划分为仓储区与分拣区。分拣区是仓库中一个独立的区域，各种畅销货物被存储在该集中空间内，作业人员可以在相对仓库区小很多的面积上专注订单分拣，大大减少拣货人员的行走距离，有效提高分拣效率。

自动化分拣系统的优势在于拣选效率快、准确度高和人力成本低，但并不是所有品项货物都适合自动化分拣。首先外包装不规则或易碎的货物不适合自动化

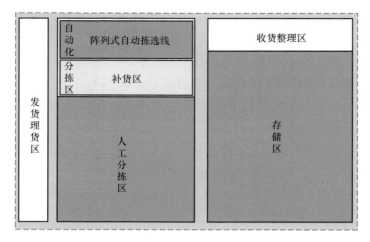

图 2-4　配送中心仓库功能布局示意图

分拣，因为设备拣选机构无法对其实施有效作业；另外，部分货物采用自动化分拣产生的人工补货成本大于其采用人工分拣产生的人工成本，该类产品也不适合通过自动化分拣系统进行分拣。因此，人工与自动化双分拣区是物流配送中心现场常见的订单拣选作业模式。如图 2-4 所示，分拣区内同时采用人工拣选系统和阵列式自动拣选系统对订单进行拣选，采用人工拣选系统的分拣区称为人工分拣区，人工分拣区内采用人工行走至货架按单手工拣选；采用阵列式自动拣选系统的分拣区称为自动化分拣区。

## 2.2.2　分拣区内人工成本分析

下面对人工与自动化双分拣区内订单拣选作业流程进行分析。如图 2-5 所示，假设仓库内所有品项货物都在存储区内存储，且库存充足，在不存在断货的情况下，每一种品项仅能通过自动化分拣和人工分拣中一类模式进行分拣。

1）自动化分拣区订单拣选作业流程为：首先人工将货物从存储区以整箱方式存入补货区，该环节称为整箱补货；然后由人工根据设备通道提出的补货申请从补货区将货物取出后放入相应的自动化分拣通道内，该环节称为拆零补货；最后设备按订单任务进行自动化拆零拣选。

2）人工分拣区订单拣选作业流程为：人工将货物从存储区以整箱方式存入人工拣选区，即整箱补货；然后由人工进行拆零拣选作业。

3）双分拣区内系统订单拣选作业流程为：针对包含自动化分拣区拣货任务的订单，由自动化分拣区发起，设备分拣后的订单分为两部分，一部分订单任务完成直接由输送线送至发货整理区，另一部分订单任务未完成，需由输送线送至人工分拣区完成剩余拣选作业，再送至发货整理区。针对仅含人工分拣区拣货任务的订单直接由人工分拣区发起，任务完成后送至发货整理区。

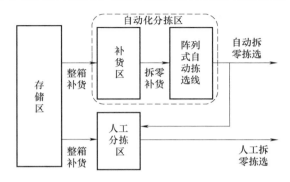

图 2-5　人工与自动化双分拣区订单拣选作业流程图

自动化分拣区内订单拣选人工成本主要包括整箱补货成本和拆零补货成本，与人工拣选区相比减少了人工拆零拣选成本，却增加了拆零补货成本。如何有效降低拆零补货成本是优化自动化拣选系统人工成本的关键，而影响拆零补货人工成本的主要因素包括补货区的尺寸与布局，以及自动化拣选品项选择和通道数量的配比。由于尺寸与布局优化属于设计优化问题，所以仅关注与配置优化相关的自动化拣选品项选择与通道数量配比问题研究。

自动化拣选品项选择问题是指以已有自动化分拣设备总节省人工成本最大为目标，从尺寸大小与包装形式都符合设备拣选条件的品项集合中选择最终拣选品项。在采用传统 A 字架系统的自动分拣区内，补货区常以流利式货架作为补货货架，流利货架的拣选作业面与 A 字架系统补货端对齐，并且货架上的品项临近对应拣选通道存储，因而分析 A 字架系统拆零补货人工作业时间时，行走时间通常忽略不计，仅考虑货物抓取与补入动作时间，拆零补货人工成本相对较小。在采用阵列式自动拣选机的自动化分拣区内，由于设备拣选品项数量多且空间分布集中，所以补货区由多排拣选面垂直于设备补货端的货架组成，补货人员需在货架巷道内行走一段距离后才能实现货物的抓货和补货，补货拆零人工成本相比 A 字架系统有所增加，在仓库内存在部分货物采用自动化分拣产生的人工补货成本大于其采用人工分拣产生的人工成本，因而通过自动化拣选品项的合理选择可充分发挥自动化分拣设备节省人工成本的能力，有效降低双拣选区内总人工成本。

通道配比问题是指在自动化品项选择确定的条件下，将全部拣选通道数量在选定品项间的划分问题。假设在一段时间周期内各品项补货量固定，品项分配的拣选通道数量越多，则该品项单次拆零补货量越大，拆零补货次数就会减少，拆零补货人工成本就会随之降低。因而通过对现场有限的拣选通道的合理配比，可有效减少系统拆零补货的人工成本。

## 2.3 订单处理总时间分析

### 2.3.1 单机订单处理总时间

在单台阵列式自动拣选机内，为减少控制器输出点的数量、降低设备的硬件成本，弹出机构的控制信号线通常采用矩阵式接线方式，即由 $m$ 个列控制信号线和 $n$ 个层控制信号线交叉接线构成，弹出机构动作时需其所接列信号线与层信号线同时发出作业指令。该接线方式降低了拣选通道作业的灵活性，为避免当同时控制两个或两个以上处于不同层不同列的拣选通道同时拣选时，所在层信号线与列信号线的其他交点处的弹出机构同时动作造成误拣，同一时间只允许同一通道列内的通道同时拣选。

将阵列式自动拣选机的每一个拣选通道列视为一个拣货区，则整台设备是一套分区拣选系统。分区拣选系统是将整个分拣区划分为多个分区，各分区内由专门的人或设备对同一订单进行拣选作业的订单拣选系统。根据拣选方式的不同，分区拣选系统分为分区人工拣选系统和分区自动化拣选系统；根据同一订单在不同拣货区内拣选任务的并发与否，分区拣选系统分为串行分区拣选系统和并行分区拣选系统。因此，阵列式自动拣选机在拣选同一订单任务时，各拣货区采用顺序交替作业模式，该设备属于串行分区自动化拣选系统。

如图 2-6 所示，将阵列式自动拣选机的每一个通道列视为一个拣货区，则设备可等效为一套包含 $m$ 个拣货区的分区自动化拣选系统。在每一个拣货区内，挡板相当于分支输送线，$n$ 个拣选通道排列于分支输送线一侧，拣货区内各拣选通道并行作业，拣选的货物直接下滑至主输送线；由于同一时间只允许其中一个拣货区进行拣选，所以沿输送方向各拣货区串行作业。

设备内各拣货区根据订单要求沿输送线传输方向逐个工作，拣货区内的通道可并行作业，各拣货区拣选的货物沿挡板流入输送线上对应的虚拟容器内，其中虚拟容器是指在输送线上虚拟划分给某个拣货区拣选的单个订单内货物集中放置的区域。

设备内每一拣货区启动拣选需同时满足以下条件：

# 第 2 章　阵列式自动拣选系统

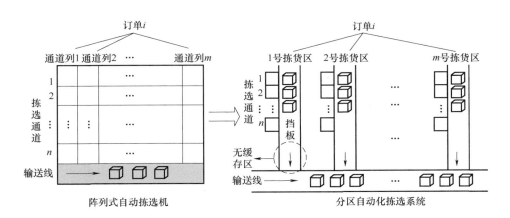

图 2-6　阵列式自动拣选机等效系统布局图

1）输送线上对应的虚拟容器到达该拣货区。
2）相邻拣货区内所有通道拣货任务完成。

按照各拣货区沿输送线传送方向由前到后的排列顺序，将设备内所有拣货区的编号由 1 到 $m$ 依次编定，各拣货区工作流程如图 2-7 所示。

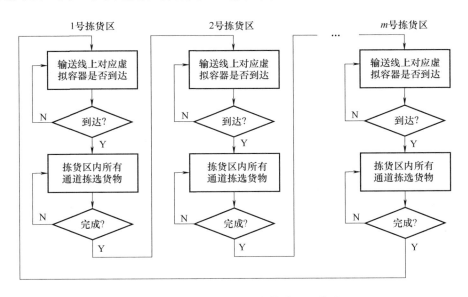

图 2-7　阵列式自动拣选机各拣货区工作流程

对于分区自动化拣选系统，经不同拣货区拣选的同一订单内货物汇集到输送线上的相同虚拟视窗内的过程称为合流[22]。虚拟视窗是指在输送线上虚拟划分

41

给某一订单所含货物集中放置的区域，沿输送方向从区域始端传输到末端的时间为虚拟视窗传输时间，等于对应订单拣选时间[23]。订单虚拟视窗由参与拣选拣货区所对应的虚拟容器组成，根据虚拟容器在虚拟视窗内的排列方式不同，合流模式通常分为两类，即采用虚拟容器顺序排列的串行合流和采用虚拟容器重叠排列的并行合流。阵列式自动拣选系统根据现场订单结构特点可设定不同的合流模式。将订单内每一种品项的拣选任务定义为一个订单行（Order Line），用订单内订单行数量多少描述订单尺寸（Order Size）。对于订单行多的订单称为大尺寸订单，例如零售型配送中心内部拆零拣选订单，平均单订单尺寸在 10~30 个订单行之间；对于订单行少的订单称为小尺寸订单，例如电子商务配送中心内部拆零拣选订单，平均单订单尺寸在 1~5 个订单行之间。对于小尺寸、小批量订单，为压缩虚拟视窗区间，提高拣选效率，易采用并行合流模式；对于大尺寸、小批量订单，为防止输送线上货物堆积过高而影响正常拣选，易采用串行合流模式。

由于设备订单处理总时间与采用的合流模式相关，因此分别对不同合流模式下的阵列式自动拣选机订单处理总时间的构成进行分析。

**1. 串行合流下单机订单处理总时间**

如图 2-8 所示，假设第 $i$ 个订单中每个拣货区拣选的货物放置于输送线上对应的虚拟容器中，沿输送方向虚拟容器右侧为始端，左侧为末端，从每个虚拟容器首端到末端的传输时间等于虚拟容器传输时间。在串行合流下，虚拟容器的始端为前一个有拣选任务的拣货区合流结束时刻对应的输送线位置端，虚拟容器的末端为当前拣货区合流结束时刻对应的输送线位置端，订单虚拟视窗内各虚拟容器始端与末端相接排列，因此，订单虚拟视窗传输时间等于订单内全部虚拟容器传输时间之和。

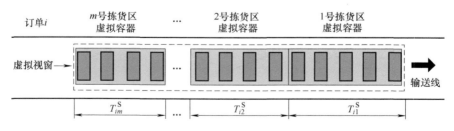

图 2-8　串行合流下虚拟视窗内虚拟容器排列示意图

在串行合流下，阵列式自动拣选机的订单处理总时间等于全部虚拟容器传输时间之和，如式（2-1）所示。

$$T^S = \sum_{i=1}^{r} T_i^S = \sum_{i=1}^{r} \sum_{j=1}^{m} T_{ij}^S \qquad (2\text{-}1)$$

式中，$T^S$ 为串行合流下阵列式自动拣选系统订单处理总时间；$T_i^S$ 为串行合流下单台阵列式自动拣选机中第 $i$ 个订单的订单处理时间；$T_{ij}^S$ 为串行合流下，单台阵列式自动拣选机中第 $i$ 个订单第 $j$ 号拣选区虚拟容器的传输时间。

利用作业时序分析法对虚拟容器传输时间的构成进行研究。如图 2-9 所示，每个虚拟容器传输时间包括拣货区通道拣货时间和合流冗余时间。其中，拣货区通道拣货时间等于拣货区内所有通道弹出货物所花费的时间，由于同一拣货区内的通道可并行拣选，因此拣货区通道拣货时间取决于该拣货区内最大通道的拣选量；合流冗余时间为确保该拣货区内全部拣选货物沿挡板流入虚拟容器的时间。

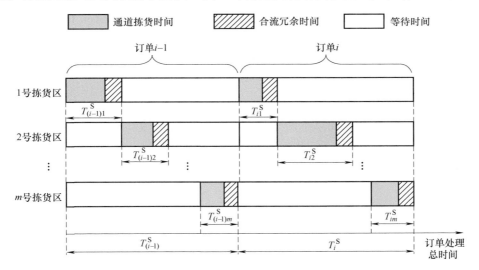

图 2-9　串行合流下拣货区作业时序分析图

将拣货区通道拣货时间和合流冗余时间之和定义为该拣货区拣选时间。在串行合流下，令第 $j$ 号拣货区内品项集合为 $I_j$，则第 $i$ 个订单内第 $j$ 号拣货区虚拟容器传输时间可以表示为

$$T_{ij}^S = t_{ij} = \max_{k \in I_j} c'_{ik} g_1 + \max_{k \in I_j} u_{ik} g_2 \qquad (2\text{-}2)$$

式中，$t_{ij}$ 为第 $i$ 个订单中第 $j$ 号拣选区拣选时间；$g_1$ 为拣选通道拣选一件货物的时间，即拣选通道弹出机构动作一次的时间；$g_2$ 为单个拣货区合流冗余时间，即拣货区弹出货物下滑到输送线上的冗余时间；$c'_{ik}$ 为第 $i$ 个订单内品项 $k$ 的最大通道拣选量；$u_{ik}$ 为 0~1 的变量，当第 $i$ 个订单中品项 $k$ 的拣选量大于 0 时，$u_{ik}$ 为 1，当第 $i$ 个订单中品项 $k$ 的拣选量等于 0 时，$u_{ik}$ 为 0；$\max_{k \in I_j} c'_{ik} g_1$ 表示第 $i$ 个订单内第 $j$

号拣货区通道的拣货时间，$\max\limits_{k \in l_j} u_{ik} g_2$ 表示第 $i$ 个订单内第 $j$ 号拣货区合流冗余时间。根据系统设定条件，相同品项的不同拣选通道必须在同一个拣货区，且对于分配多个通道的品项在同一订单中的拣选量，按照均分原则拆分至不同通道分别作业，因此，在式（2-2）中第 $i$ 个订单中品项 $k$ 最大通道拣选量 $c'_{ik}$ 等于第 $i$ 个订单内品项 $k$ 拣选量 $c_{ik}$ 与分配拣选通道数量 $h_k$ 的商上取整，即

$$c'_{ik} = \left\lceil \frac{c_{ik}}{h_k} \right\rceil \tag{2-3}$$

通过以上分析可知，在串行合流下，单机订单处理总时间取决于各拣货区拣选时间。由于品项分配直接影响各订单拣选量在拣货区间的分配，因此品项分配是影响拣货区拣选时间的主要因素。此外，品项分配的通道数量越多，品项最大通道拣货时间越小的可能性越大，因此在拣选通道数量有限的情况下，拣选品项的选择与通道数量配比也是影响该时间的一个因素。

**2. 并行合流下单机订单处理总时间**

在并行合流下，虚拟容器的始端为订单内最早作业拣货区开始拣选时刻对应的输送线位置端，虚拟容器的末端为当前拣货区合流结束时刻对应的输送线位置端。如图 2-10 所示，相同订单内全部虚拟容器沿同一始端重叠排列，虚拟视窗传输时间等于该订单内最大虚拟容器传输时间。

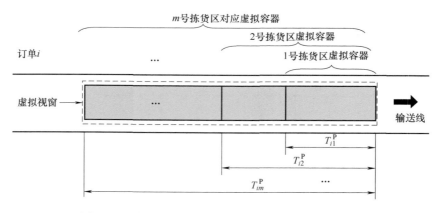

图 2-10　并行合流下虚拟视窗内虚拟容器排列示意图

因此，在并行合流下，阵列式自动拣选设备的订单处理总时间等于所有订单内最大虚拟容器传输时间总和，如式（2-4）所示。

$$T^P = \sum_{i=1}^{r} T_i^P = \sum_{i=1}^{r} \max_{1 \leq j \leq m} (T_{ij}^P) \tag{2-4}$$

式中，$T^P$ 为并行合流下，阵列式自动拣选系统订单处理总时间；$T_i^P$ 为并行合流

下,单台阵列式自动拣选机中第 $i$ 个订单的订单处理时间;$T_{ij}^{P}$ 为并行合流下,单台阵列式自动拣选机中第 $i$ 个订单第 $j$ 号拣选区虚拟容器传输时间。

利用作业时序分析并行合流下虚拟容器传输时间的构成,如图 2-11。由于虚拟容器始端为订单内最早工作拣货区拣选开始时刻对应的输送线位置端,因此虚拟容器传输时间的构成存在以下两种情况:①当对应虚拟容器到达拣货区,而前一个拣货区内通道拣货还未完成,则该拣货区需等到前一个拣货区通道拣货任务全部完成后才能开始工作,将该段时间称为拣货区延迟时间;②当对应虚拟容器到达拣货区,而前一个拣货区内通道拣货已完成,则该拣货区立刻开始工作,此时拣货区延迟时间等于零。因此,并行合流下各虚拟容器传输时间由拣货区拣选时间和延迟时间组成。

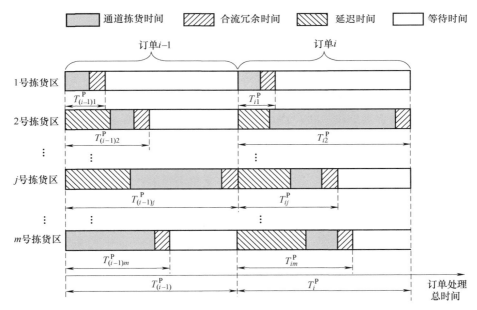

图 2-11 并行合流下拣货区作业时序分析图

在并行合流下,令第 $j$ 号拣货区内品项集合为 $I_j$,则第 $i$ 个订单内第 $j$ 号拣货区虚拟容器传输时间可以表示为

$$T_{ij}^{P} = t_{ij} + D_{ij} = \left( \max_{k \in I_j} c'_{ik} g_1 + \max_{k \in I_j} u_{ik} g_2 \right) + D_{ij} \tag{2-5}$$

式中,$D_{ij}$ 为串行合流下第 $i$ 个订单内第 $j$ 号拣货区的延迟时间。

通过以上分析可知,在并行合流下,订单处理总时间取决于各订单内最大虚拟容器传输时间,而各虚拟容器传输时间由拣货区拣选时间和拣货区延迟时间组成。其中，拣货区延迟时间的大小与输送线传输速度、该拣货区与最早工作拣货区之间的距离相关。因此，在输送线传输速度固定的条件下，虚拟容器传输时间不仅取决于对应拣货区拣选时间，还与订单内各工作拣货区之间的位置关系相关，因此品项分配、各拣货区品项集合位置分配、拣选品项选择与通道配比都是影响该时间的主要因素。

综上所述，通过对单台阵列式自动拣选机串行合流和并行合流下的订单处理总时间分析可知，在不同合流模式下，订单处理总时间都与各拣货区对应的虚拟容器传输时间相关，但由于拣选区对应虚拟容器的始端定义不同，导致订单处理总时间的影响因素存在差异。

### 2.3.2 多机订单处理总时间

阵列式自动拣选线由多台阵列式自动拣选机通过一条输送线串联构成。每台阵列式拣选机都有独立的控制机构，因而各台单机之间可以并行工作。令 $T_i^z$ 表示第 $z$ 台设备拣选第 $i$ 个订单的虚拟视窗传输时间。

在串行合流下，订单虚拟时间窗内各台设备对应的虚拟视窗首尾相连，因此，由 $Z$ 台阵列式自动拣选机组成的拣选线系统的订单处理总时间可以表示为

$$T^S = \sum_{i=1}^{r} \sum_{z=1}^{Z} T_i^{Sz} \quad (2-6)$$

式中，$T_i^{Sz}$ 为串行合流下，第 $z$ 台阵列式自动拣选机中第 $i$ 个订单的订单处理时间。

在并行合流下，订单虚拟时间窗内全部设备对应的虚拟视窗沿同一始端重叠排列，因此，由 $Z$ 台阵列式自动拣选机组成的拣选线系统的订单处理总时间可以表示为

$$T^P = \sum_{i=1}^{r} \max_{1 \leq z \leq Z} T_i^{Pz} \quad (2-7)$$

式中，$T_i^{Pz}$ 为并行合流下，第 $z$ 台阵列式自动拣选机中第 $i$ 个订单的订单处理时间。

通过对阵列式自动拣选线串行合流和并行合流下的订单处理总时间分析可知，订单处理总时间与各台设备的订单处理时间相关，因此多机订单处理总时间的优化研究应从单机订单处理时间的优化入手。

## 2.4 小结

本章分析了阵列式自动拣选系统的补货人工成本和订单处理总时间的构成与

影响因素。阵列式自动拣选系统补货人工成本的主要影响因素包括自动化拣选品项选择与通道数量配比；阵列式自动拣选系统订单处理总时间主要影响因素包括合流模式、拣选品项选择与通道数量配比、品项分配及并行合流下拣货区品项集合位置分配。

  以系统总节省人工成本最大、订单处理总时间最小为目标的阵列式自动拣选系统的配置优化问题是一个多目标、多影响因素的复杂优化问题。本书将该问题拆分为以系统总节省人工成本最大为优化目标的拣选品项选择与通道配比子问题、以串行合流下单机订单处理总时间最小为优化目标的品项分配子问题和以并行合流下单机订单处理总时间最小为优化目标的列品项货位分配子问题，通过对单目标、单影响因素的子问题的深入研究，得到合理的综合求解方法。

# 第 3 章

## 拣选品项选择与通道配比优化

在应用现场，并不是全部货物都适合阵列式自动拣选设备分拣。外包装不规则或易碎的货物因为设备的拣选机构无法对其实施有效作业，不适合设备分拣；部分货物采用阵列式自动拣选设备分拣产生的人工补货成本，大于其采用人工分拣产生的人工成本，也不适合设备分拣。因此，双分拣区（人工分拣区与自动化分拣区）是物流配送中心现场常见的订单拣选作业模式。

本章以系统总节省人工成本最大为目标，对系统拣选品项选择与通道配比问题进行研究。通过对双分拣区内的人工成本分析，建立货物适合采用自动化分拣的必要条件；在假设拣选品项确定的条件下，以阵列式自动拣选系统总节省人工成本最大为目标，建立设备通道配比优化数学模型，设计贪婪算法，得出拣选通道合理配比方案；在此基础上，将该问题推广到双分拣区系统品项分配中，归结为一类特殊的背包问题，并给出启发式算法；最后通过某医药物流配送中心实例仿真，从多角度分析算法的有效性。

## 3.1 分拣区人工成本模型

有效降低人工成本是采用自动拣选设备的主要目的之一。本章以人工作业时间为单位，对固定时间周期内，货物在不同分拣区中产生的人工成本进行分析。

图 3-1 为双分拣区订单拣选作业流程图。假设配送中心内，品项 $l$ 的包装材料和尺寸都适合阵列式自动拣选线分拣条件。若采用自动化分拣，则订单拣选过程中消耗的人工成本包括整箱补货成本 $C_l^1$ 和拆零补货成本 $C_l^2$，自动拆零拣选由设备完成，人工成本为 0；若采用人工分拣，则订单拣选过程中消耗的人工成本包括整箱补货成本 $C_l^3$ 和人工拆零拣选成本 $C_l^4$。此外，两分拣区之间及分拣区与

发货整理区之间的订单箱输送作业由输送线完成，人工成本为 0。由于双分拣区内整箱补货作业方式相同，假设 $C_l^1 \approx C_l^3$，则自动化分拣与人工分拣相比节省的人工成本为 $\Delta C_l = C_l^4 - C_l^2$。以下对自动化分拣的拆零补货成本 $C_l^2$ 和人工分拣的人工拆零拣选成本 $C_l^4$ 进行分析。

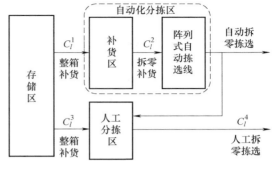

图 3-1 双分拣区订单拣选作业流程图

在人工分拣区内的人工拆零拣选环节中，拣货人员的行走距离相对较长，且每种品项拣货数量少，相比行走寻货时间，抓取货物时间可忽略不计，因而拣货人员的作业时间主要集中在行走寻货时间。将订单内每一种品项的拣选任务定义为一个订单行，假设人工拣选单个订单行所花费的行走寻货时间固定，则确定周期内人工拆零拣选品项 $l$ 的成本 $C_l^4$ 为

$$C_l^4 = b_3 \sigma_l, \ \forall l \in R \tag{3-1}$$

式中，$b_3$ 为人工拣选一个订单行所花费的平均行走寻货时间；$\sigma_l$ 为品项 $l$ 在确定时间周期内的拣选次数；$R$ 为配送中心内符合阵列式自动拣选机分拣条件的品项集合。符合设备分拣条件是指品项包装材料和尺寸都适合设备分拣，且满足 $b_3 \sigma_l > b_2 f_l$（$b_2$ 为补货人员在设备拣货通道内放入 1 件货物所花费的平均时间，$f_l$ 为确定时间周期内品项 $l$ 的拣选数量），$\forall l \in R$。

在自动化分拣区内的拆零补货环节中，人工成本除包括补货区内行走寻货时间外，还应考虑补货人员将货物以最小包装单元逐件放入设备通道的时间，其大小取决于货物拣选量。例如，某货物全年的拣选量为 1000 件，且全部通过自动化设备完成，补货人员在设备通道内放入一件货物所花费的时间为 1.5s，则该品项全年需花费 1500s 完成放货作业。在已有的关于自动化设备拆零补货人工成本分析文献中，参考文献［92］和参考文献［93］中忽略了人工将货物放入设备通道的时间，仅考虑补货次数和行走寻货时间对于补货成本的影响；参考文献［99］中假设单件货物的拆零补货时间为定值，忽略补货次数对于补货成本的影响，因而应用效果受到一定程度影响。为讨论方便，假设当设备上品项的存储数量等于零时，该品项对应的通道申请补货，则确定时间周期内品项 $l$ 的拆零补货人工成本为

$$C_l^2 = b_1 \frac{f_l}{e_l h_l} + b_2 f_l, \ \forall l \in R \tag{3-2}$$

式中，$b_1$ 为人工完成一次拆零补货所花费的平均行走寻货时间；$h_l$ 为品项 $l$ 分配的拣选通道数量；$e_l$ 为品项 $l$ 在单个拣选通道内的最大存储量；$f_l/(e_l h_l)$ 为品项 $l$ 在一段时间周期内的补货次数。

值得注意的是，品项在单个拣选通道内的最大存储量有如下限制：

1）品项总质量不能超过通道正常工作所允许的最大质量，即 $w_l e_l \leq W$，$\forall l \in R$（$w_l$ 为品项 $l$ 单件的质量，$W$ 为单个拣选通道正常工作所允许的最大质量）。

2）品项所占通道总长度不能超过通道长度，即 $\mu_l e_l \leq H$，$\forall l \in R$（$\mu_l$ 为品项 $l$ 在拣选通道内所占的长度，$H$ 为单个拣选通道的长度）。

通过以上分析，品项 $l$ 采用自动化分拣的必要条件为自动化分拣与人工分拣的人工成本之差大于零，即

$$\Delta C_l = C_l^4 - C_l^2 = b_3 \sigma_l - b_1 \frac{f_l}{e_l h_l} - b_2 f_l > 0, \quad \forall l \in R \tag{3-3}$$

在式（3-3）中，假设 $b_1$、$b_2$、$b_3$ 已知，品项 $l$ 在确定周期内的拣选数量 $f_l$ 和拣选次数 $\sigma_l$ 为常数。若 $b_3 \sigma_l \leq b_2 f_l$，则品项 $l$ 在该周期内适合采用人工分拣，选用自动化分拣并不能节省人工成本；若 $b_3 \sigma_l > b_2 f_l$，则品项 $l$ 是否采用自动化分拣取决于该品项在自动拣选设备上所分配的通道数量，分配的通道数量越多，单次补货数量越多，周期内总补货次数就越少，总补货行走寻货时间就越短，节省人工成本就越多。由于设备通道资源是有限的，所以如何将有限的通道资源在确定品项之间进行分配，实现总节省人工成本最大，首先要解决设备通道配比优化问题。

## 3.2 通道配比优化问题

假设阵列式自动拣选系统共有拣选通道 $M$ 个，符合设备分拣条件（即品项的包装材料和尺寸都适合设备分拣，且满足 $b_3 \sigma_l > b_2 f_l$）的品项集合 $R$ 内共有 $N$ 种品项，且通道数量大于该集合 $R$ 内的品项种类，即 $M > N$。自动拣选设备的通道配比优化问题是求如何将 $M$ 个通道在 $N$ 种品项中进行分配，实现总节省人工成本最大的目标。建立数学模型如下：

$$\max \sum_{l \in R} \left( b_3 \sigma_l - b_1 \frac{f_l}{e_l h_l} - b_2 f_l \right) \tag{3-4}$$

s. t.

$$\sum_{l \in R} h_l \leq M \tag{3-5}$$

$$h_l \in \{1, 2, \cdots, n\}, \quad \forall l \in R \tag{3-6}$$

式（3-4）为最大总节省人工成本的模型目标函数。在约束条件中，式（3-5）表示 R 集合内全部品项分配通道总数不可超出当前系统总通道数量；式（3-6）表示每种品项至少分配一个通道，通道个数为正整数且不超过阵列式自动拣选机层数。

式（3-4）可以改写为

$$\max\left[\sum_{l\in R}(b_3\sigma_l - b_2 f_l) - b_1\sum_{l\in R}\frac{f_l}{e_l h_l}\right]$$

$$\Leftrightarrow \min L = \sum_{l\in R}\frac{f_l}{e_l h_l} \tag{3-7}$$

式中，$L$ 为在确定时间周期内阵列式自动拣选系统总补货次数。由式（3-7）可知，优化目标由总节省人工成本最大转化为总补货次数最少。参考文献[12]中在存储空间连续性假设条件下提出了连续空间最优通道配比法，即存储空间可以任意划分给不同品项的货物存储，约束条件式（3-6）变为 $h_l > 0$，$\forall l \in R$，实现总补货次数最少的通道配比方案为

$$h_l = \frac{\sqrt{f_l/e_l}}{\sum_{l\in R}\sqrt{f_l/e_l}} M, \quad \forall l \in R \tag{3-8}$$

将式（3-8）代入式（3-7），得连续空间最优通道配比法的最小总补货次数为

$$L = \frac{\left(\sum_{l\in R}\sqrt{f_l/e_l}\right)^2}{M} \tag{3-9}$$

实际应用中，自动拣选设备的每一个分拣通道仅能存储单一品项的货物，因而设备通道配比优化问题是一个离散存储空间条件下的最小总补货次数优化问题。参考文献[96]中对连续分配通道数量结果上取整作为设备通道配比方案，而上取整后的通道总数量会超出实际可分配通道数量，不满足可行性。设备通道配比优化问题是一个非线性整数规划问题，根据最速下降法原理，给出一种启发式贪婪算法（离散空间通道配比法）。其基本思想是：将每种品项分配一个通道作为初始解，将剩余的通道资源逐个进行迭代分配，每次迭代取目标函数在上一次迭代解处下降最快的方向作为搜索方向，将该方向对应品项通道数量增加 1 作为本次迭代解，然后进入下一次迭代循环，直至所有通道资源全部分配。

**运用离散空间通道配比法的具体步骤如下：**

**步骤 1：** R 集合内每一种品项仅分配一个通道，令品项 $l$ 初始通道数 $h_l^0 = 1$，$\forall l \in R$。

**步骤 2：** 令 $e_l = \min\left\{\left\lfloor\frac{W}{w_l}\right\rfloor, \left\lfloor\frac{H}{\mu_l}\right\rfloor\right\}$，$\forall l \in R$，计算每一种品项在单个设备通道

内的存储量。

**步骤 3**：将 $M-N$ 个通道按下列顺序逐个进行分配，直至全部通道分配完毕。

1）每一种品项都在当前已分配通道数量上增加一个通道。

2）计算每一种品项总补货次数的减少量。

3）在所有品项中，确定总补货次数减少量最大的品项 $l^*$，品项 $l^*$ 的通道数量保持不变，其余品项的通道数量减少一个通道。

4）如果品项 $l^*$ 的通道数量大于阵列式自动拣选机层数，则将品项 $l^*$ 从 $R$ 集合中删除。

**步骤 4**：选择 $h_l^{M-N}$，$\forall l \in R$ 作为最终通道配比方案，求最少总补货次数 $L_{\text{best}}$。

## 3.3 自动化分拣品项选择优化问题

设备通道配比问题的建模求解，解决了在确定的自动化分拣品项集合中，通过通道配比实现阵列式自动拣选系统总补货次数最少，即阵列式自动拣选系统总节省人工成本最大的问题。在此基础上，将自动化分拣品项选择问题视为在双分拣区中的品项分配问题。假设在自动化分拣区内，阵列式自动拣选系统的拣选通道数量为固定值，研究通过在人工分拣区和自动化分拣区之间合理分配品项，使阵列式自动拣选系统的拣选通道最大化利用，减少人工成本，实现双分拣区内总人工成本最低的目标。

假设阵列式自动拣选系统内通道数量为 $M$，符合设备分拣条件的品项集合为 $R$，则双分拣区品项分配问题的数学模型为

$$\min \sum_{l \in R} \left[ \left( b_1 \frac{f_l}{e_l h_l} + b_2 f_l \right) x_l + b_3 \sigma_l (1 - x_l) \right] \quad (3\text{-}10)$$

**s. t.**

$$x_l \in \{0, 1\}, \quad \forall l \in R \quad (3\text{-}11)$$

$$\sum_{l \in R} h_l x_l \leq M \quad (3\text{-}12)$$

$$h_l \in \{1, 2, \cdots, n\}, \quad \forall l \in \{R \mid x_l = 1\} \quad (3\text{-}13)$$

目标函数式（3-10）为自动化分拣区与人工分拣区消耗的总人工成本最小。约束条件中，式（3-11）规定 $x_l$ 为 0~1 的变量。$x_l$ 为 1，表示品项 $l$ 分配至自动化分拣区拣选；$x_l$ 为 0，表示品项 $l$ 分配至人工分拣区拣选。式（3-12）表示所有自动化分拣区的总分配通道数量小于或等于系统总通道数量。式（3-13）表示每种自动化分拣的品项至少分配 1 个通道，通道个数为正整数且不可超过阵列式自动拣选机层数。

式（3-10）可以转化为

$$\min \sum_{l \in R} \left[ b_3 \sigma_l - \left( b_3 \sigma_l - b_2 f_l - b_1 \frac{f_l}{e_l h_l} \right) x_l \right]$$

$$\Leftrightarrow \max F = \sum_{l \in R} \left( b_3 \sigma_l - b_2 f_l - b_1 \frac{f_l}{e_l h_l} \right) x_l \qquad (3\text{-}14)$$

优化目标由求最小双分拣区总人工成本，转化为求最大阵列式自动拣选系统总节省人工成本。配送中心内符合阵列式自动拣选设备分拣条件的品项总数大于1000种，故自动化分拣品项选择问题为大规模的变系数背包问题，是典型的 NP（Non-deterministic Polynomial，非确定性多项式）-hard 问题。首先，通过分析连续存储空间下自动化分拣品项选择问题，并根据品项占用单位设备存储空间资源节省人工成本能力大小的排序特点，定义品项自动化作业效率系数；然后，基于品项自动化作业效率系数，设计离散存储空间下自动化分拣品项选择问题的启发式算法。

### 3.3.1 连续空间最优品项选择法

假设自动化分拣的品项集合 $\Omega \in R$，$R$ 集合内除 $\Omega$ 外品项选用人工拣选，拣选通道空间为连续存储空间，即约束条件式（3-13）变为 $h_l > 0$，$\forall l \in \Omega$，则实现最大节省人工成本的通道配比方案可根据式（3-8）求得。将式（3-8）代入式（3-14）中，得集合 $\Omega$ 对应的最大阵列式自动拣选系统总节省人工成本为

$$F = b_3 \sigma_l - b_2 f_l - \frac{b_1}{M} \sqrt{f_l/e_l} \sum_{l \in \Omega} \sqrt{f_l/t_l} \qquad (3\text{-}15)$$

根据参考文献［93］，连续存储空间下品项 $l$ 占用单位设备存储空间资源节省的人工成本为

$$\frac{b_3 \sigma_l - b_2 f_l - \dfrac{b_1}{M} \sqrt{f_l/e_l} \sum_{l \in \Omega} \sqrt{f_l/e_l}}{\dfrac{\sqrt{f_l/e_l}}{\sum_{l \in \Omega} \sqrt{f_l/e_l}} M}$$

$$= \frac{b_3 \sigma_l - b_2 f_l}{\sqrt{f_l/e_l}} \frac{\sum_{l \in \Omega} \sqrt{f_l/e_l}}{M} - \frac{b_1}{M^2} \left( \sum_{l \in \Omega} \sqrt{f_l/e_l} \right)^2 \qquad (3\text{-}16)$$

由式（3-16）可见，品项占用单位设备存储空间资源实现节省人工成本的大小排序独立于集合 $\Omega$。虽然集合 $\Omega$ 不确定，但是在任何一个确定的集合 $\Omega$ 内，每种品项占用单位设备存储空间资源实现节省人工成本的大小排序都依据

$\dfrac{b_3\sigma_l - b_2 f_l}{\sqrt{f_l/e_l}}$ 来确定。鉴于该指标的重要性，定义：

$$Q_l = \dfrac{b_3\sigma_l - b_2 f_l}{\sqrt{f_l/e_l}}, \quad \forall l \in R \qquad (3\text{-}17)$$

式中，$Q_l$ 为品项 $l$ 的自动化作业效率系数，该系数越大，品项 $l$ 通过单位数量的拣选通道所能节省的人工成本越多，即品项 $l$ 越适合采用阵列式自动拣选系统进行拣选。根据式（3-17）可知，确定时间周期内拣选次数多而拣选数量少，且在单个拣选通道内存储数量多的品项，适合通过阵列式自动拣选系统分拣。

本书将参考文献［93］中依据指标 $Q_l$ 提出的连续存储空间下自动化分拣品项选择方法，称为连续空间最优品项选择法。

**运用连续空间最优品项选择法的具体步骤如下：**

**步骤 1**：根据式（3-17）求集合 $R$ 内全部品项自动化作业效率系数 $Q_l$，$\forall l \in R$，按照 $Q_l$ 由大到小的顺序将品项排序。

**步骤 2**：集合 $R$ 内所有品项人工拣选，根据式（3-15）计算总节省人工成本 $F_0$。

**步骤 3**：从集合 $R$ 内排序最靠前的品项开始，依次构建自动化分拣品项集合 $\Omega \in R$，$y$ 取 $1 \sim N$。

1）选择集合 $R$ 内前 $y$ 种品项构建自动化分拣品项集合 $\Omega$，其余品项采用人工分拣。

2）根据连续空间最优通道配比法对系统内所有拣选通道在集合 $\Omega$ 内的品项间进行配比。

3）根据式（3-15）计算针对集合 $\Omega$ 的最大阵列式自动拣选系统总节省人工成本 $F_y$。

4）若 $j \neq N$，则 $j = j+1$，至步骤 3 的 1）；若 $j = N$，至步骤 4。

**步骤 4**：选择最大总节省人工成本 $F_{best} = \max\limits_{0 \leqslant y \leqslant \min(M,N)} F_y$ 对应的自动化分拣品项集合 $\Omega$ 作为最终解。

### 3.3.2 离散空间品项选择法

将品项自动化作业效率系数 $Q_l$，$\forall l \in R$，作为品项适合自动化设备进行分拣的排序指标，并结合设备空间的离散特点，在离散空间通道配比法的基础上设计求解离散存储空间下自动化分拣品项选择问题的启发式算法。

运用离散空间品项选择法的具体步骤如下：

**步骤1**：根据式（3-17）求 $R$ 集合内全部品项自动化作业效率系数 $Q_l$，$\forall l \in R$，按照 $Q_l$ 由大到小的顺序将品项排序。

**步骤2**：令 $e_l = \min\left\{\left\lfloor\dfrac{W}{w_l}\right\rfloor, \left\lfloor\dfrac{H}{\mu_l}\right\rfloor\right\}$，$\forall l \in R$，计算各品项货物在单个设备通道内的存储量。

**步骤3**：$R$ 集合内所有品项人工拣选，根据式（3-14）计算阵列式自动拣选系统总节省人工成本 $F_0$。

**步骤4**：从 $R$ 集合内排序最前的品项开始，依次构建自动化分拣品项集合 $\Omega \in R$，$y$ 取 $1 \sim \min(M, N)$。

1）选择集合 $R$ 内前 $y$ 种品项构建自动化分拣品项集合 $\Omega$，其余品项采用人工分拣。

2）根据离散空间通道配比法，在系统所有拣选通道在 $\Omega$ 内的品项之间进行配比。

3）根据式（3-14）计算针对集合 $\Omega$ 的最大阵列式自动拣选系统总节省人工成本 $F_y$。

4）若 $j \neq \min\{M, N\}$，则 $j = j+1$，至步骤4 的 1）；若 $j = \min\{M, N\}$，至步骤5。

**步骤5**：选择最大总节省人工成本 $F_{best} = \max\limits_{0 \leq y \leq \min(M, N)} F_y$ 对应的自动化分拣品项集合 $\Omega$ 作为最终解。

## 3.4 实例分析

为验证算法的有效性，进行实例仿真。本实例采用某医药物流配送中心一年的订单数据。该配送中心日均处理订单约 1600 个，日均分拣药品数量约 5.1 万件。订单行拣货量的分布特征如图 3-2 所示，拣货量小于或等于 10 件的订单行占该配送中心总拣选任务的 96% 以上，因而该配送中心订单拣选作业以拆零拣选为主，适合采用自动拣选设备来减少人工拣选强度。

仓库内共有药品品项 6100 种，

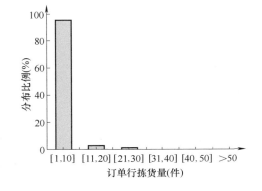

图 3-2 订单行拣货量分布特征图

符合设备分拣条件的盒装药品 2700 种，品项信息见表 3-1，其分拣药品数量约占全年分拣药品总数量的 56.2%。自动化分拣区内采用阵列式自动拣选设备，单个设备通道长度均为 2600mm，单个设备通道正常工作所允许的最大承载质量为 2.5kg，人工在设备通道内放入药品的平均作业时间为 1.5s/(件·人)，设备补货区内设置货架，单次人工补货所花费的平均行走寻货时间为 35s/(次·人)。除自动拣选的药品外，其他药品通过人工分拣区进行手工按单拣选，手工完成单个订单行的平均作业时间为 47s/(人·行)。为了便于评价优化效果，将传统物流配送中心最常用的通道分配方式——等空间配比方法作为比较对象，即将所有自动化分拣的品项分配相同数量的通道。该方法因为计算简单、管理方便，在物流配送中心得到普遍应用[93]。

表 3-1 配送中心内符合阵列式自动拣选系统分拣条件的 2700 种品项信息（以 100 种为例）

| 药品 ID | 长 /mm | 宽 /mm | 高 /mm | 质量 /g | 药品 ID | 长 /mm | 宽 /mm | 高 /mm | 质量 /g |
|---|---|---|---|---|---|---|---|---|---|
| 15 | 120 | 76 | 24 | 27 | 185 | 131 | 77 | 38 | 33 |
| 16 | 128 | 76 | 21 | 22 | 186 | 126 | 65 | 19 | 22 |
| 21 | 91 | 71 | 15 | 35 | 188 | 105 | 70 | 30 | 25 |
| 22 | 128 | 72 | 21 | 27 | 194 | 134 | 76 | 20 | 27 |
| 38 | 100 | 66 | 63 | 96 | 196 | 126 | 65 | 19 | 24 |
| 61 | 156 | 108 | 23 | 64 | 197 | 136 | 67 | 17 | 33 |
| 80 | 120 | 86 | 20 | 47 | 198 | 124 | 73 | 20 | 35 |
| 81 | 117 | 37 | 26 | 18 | 199 | 119 | 62 | 20 | 27 |
| 114 | 95 | 55 | 33 | 50 | 200 | 131 | 76 | 29 | 33 |
| 123 | 95 | 55 | 33 | 47 | 228 | 130 | 75 | 29 | 29 |
| 130 | 95 | 55 | 32 | 52 | 229 | 136 | 32 | 22 | 31 |
| 158 | 95 | 55 | 33 | 49 | 231 | 154 | 78 | 33 | 33 |
| 160 | 95 | 55 | 33 | 47 | 232 | 107 | 71 | 20 | 22 |
| 162 | 95 | 55 | 33 | 55 | 233 | 132 | 91 | 21 | 27 |
| 165 | 95 | 55 | 33 | 56 | 234 | 136 | 69 | 16 | 38 |
| 166 | 95 | 55 | 33 | 49 | 236 | 112 | 73 | 23 | 24 |
| 168 | 125 | 75 | 33 | 53 | 239 | 97 | 62 | 23 | 50 |
| 171 | 95 | 55 | 32 | 53 | 240 | 132 | 72 | 28 | 27 |
| 182 | 95 | 55 | 33 | 48 | 241 | 110 | 49 | 34 | 74 |
| 183 | 111 | 70 | 23 | 27 | 242 | 120 | 71 | 19 | 22 |

（续）

| 药品ID | 长/mm | 宽/mm | 高/mm | 质量/g | 药品ID | 长/mm | 宽/mm | 高/mm | 质量/g |
|---|---|---|---|---|---|---|---|---|---|
| 247 | 70 | 40 | 39 | 34 | 299 | 91 | 71 | 16 | 44 |
| 248 | 90 | 61 | 19 | 27 | 300 | 116 | 71 | 20 | 35 |
| 249 | 92 | 65 | 50 | 46 | 301 | 131 | 80 | 27 | 22 |
| 250 | 129 | 81 | 24 | 47 | 303 | 97 | 40 | 18 | 47 |
| 251 | 122 | 47 | 47 | 150 | 304 | 113 | 76 | 20 | 47 |
| 252 | 105 | 72 | 45 | 48 | 306 | 65 | 40 | 39 | 21 |
| 253 | 90 | 77 | 62 | 69 | 307 | 108 | 30 | 18 | 19 |
| 255 | 106 | 72 | 40 | 43 | 308 | 135 | 40 | 24 | 33 |
| 256 | 122 | 74 | 60 | 70 | 309 | 132 | 56 | 32 | 35 |
| 257 | 143 | 74 | 60 | 41 | 310 | 101 | 65 | 19 | 22 |
| 259 | 105 | 73 | 49 | 75 | 318 | 122 | 78 | 27 | 27 |
| 260 | 128 | 73 | 18 | 27 | 319 | 121 | 67 | 21 | 31 |
| 266 | 74 | 47 | 47 | 68 | 320 | 95 | 66 | 20 | 35 |
| 267 | 126 | 72 | 18 | 27 | 325 | 116 | 60 | 15 | 27 |
| 269 | 104 | 57 | 21 | 12 | 327 | 130 | 58 | 30 | 65 |
| 271 | 120 | 71 | 20 | 47 | 329 | 51 | 31 | 31 | 18 |
| 273 | 78 | 43 | 42 | 44 | 330 | 75 | 47 | 45 | 41 |
| 274 | 146 | 60 | 20 | 35 | 338 | 130 | 72 | 20 | 33 |
| 276 | 90 | 52 | 50 | 68 | 340 | 120 | 62 | 36 | 60 |
| 278 | 135 | 35 | 26 | 27 | 344 | 60 | 35 | 35 | 19 |
| 281 | 107 | 35 | 25 | 25 | 350 | 41 | 37 | 37 | 26 |
| 284 | 110 | 74 | 18 | 33 | 351 | 108 | 30 | 18 | 18 |
| 285 | 106 | 71 | 21 | 27 | 356 | 135 | 66 | 14 | 22 |
| 286 | 98 | 52 | 28 | 22 | 358 | 115 | 67 | 21 | 27 |
| 287 | 65 | 35 | 35 | 28 | 362 | 61 | 40 | 40 | 37 |
| 289 | 65 | 43 | 14 | 6 | 364 | 78 | 71 | 16 | 35 |
| 290 | 106 | 48 | 16 | 10 | 365 | 75 | 45 | 45 | 39 |
| 291 | 116 | 76 | 21 | 27 | 366 | 105 | 72 | 17 | 47 |
| 293 | 113 | 37 | 37 | 71 | 367 | 101 | 69 | 23 | 27 |
| 294 | 71 | 41 | 41 | 32 | 372 | 116 | 42 | 30 | 30 |

1)对设备通道配比算法进行仿真验证,假设自动化分拣区内的拣选通道数量从 2700 个增加到 8100 个,分别应用离散空间通道配比法和连续空间最优通道配比法,将全部通道在 2700 种品项间进行分配,计算相应的最小总补货次数,并与应用等空间配比法得到的阵列式自动拣选系统总补货次数进行比较,见表 3-2。

表 3-2 通道配比算法优化结果对比

| 算法类型 | 通道数量 $M$(个) | | |
|---|---|---|---|
| | 2700 | 5400 | 8100 |
| 等空间配比法总补货次数(次) | 314845 | 157422 | 104948 |
| 离散空间通道配比法总补货次数(次) | 314845 | 103761 | 67034 |
| 连续空间最优通道配比法总补货次数(次) | 197070 | 98535 | 65690 |

如表 3-2 所示,当拣选通道数量为 2700 个时,根据离散空间通道配比法得到的通道配比方案与应用等空间配比法得到的通道配比方案相同,即每一种品项分配一个通道,其总补货次数是连续空间最优通道配比法的最小总补货次数的 160%;当通道数量为 5400 个时,离散空间通道配比法比等空间配比法减少 34.1% 的总补货次数,与连续空间最优配比法输出结果相差 5.3%;当通道数量为 8100 个时,离散空间通道配比法比等空间配比法减少 36.1% 的总补货次数,与连续空间最优通道配比法输出结果仅相差 2.0%。图 3-3 给出设备通道数量变化全过程中总补货次数变化情况。随着通道数量的增加,应用离散空间通道配比法得到的总补货次数逐渐逼近连续空间最优通道配比法的最优值,且相比传统等空间配比法有显著改进,可节省大量人工补货成本。

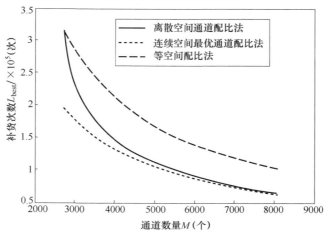

图 3-3 通道配比算法仿真曲线

为进一步验证算法求解速度与质量，利用 MATLAB 7.0 编写离散空间通道配比法和经典分支定界算法的程序，通过算例进行性能测试。在药品 50 种品项、设备通道数量 100 个的算例中，利用离散空间通道配比法和分支定界法求得问题的最优值和最优解完全相同，但用时差别很大，分支定界法用时 6499s，离散空间通道配比法用时 0.07s。在药品品项 2700 种、设备通道数量 8100 个的算例中，运用分支定界法的计算时间超过 10h 尚无结果，而运用离散空间通道配比法的用时为 0.74s。

2) 对自动化分拣品项选择优化算法进行仿真验证，假设自动化分拣区内设置设备通道数量从 2700 个增加到 8100 个，分别应用离散空间品项选择法和连续空间最优品项选择法，将 2700 种品项拆分为自动化分拣品项集合和人工分拣品项集合，计算总节省人工成本，并与全品项等空间配比法得到的总节省人工成本进行比较，结果见表 3-3。

表 3-3　品项分配算法优化结果对比

| 算法类型 | 对比项目 | 通道数量 $M$（个） | | |
| --- | --- | --- | --- | --- |
| | | 2700 | 5400 | 8100 |
| 全品项等空间配比法 | 自动化分拣品项数（种） | 2700 | 2700 | 2700 |
| | 总节省人工成本（s） | 40350531 | 45971943 | 47845748 |
| 离散空间品项选择法 | 自动化分拣品项数（种） | 2049 | 2508 | 2603 |
| | 总节省人工成本（s） | 44131298 | 48014543 | 49247963 |
| 连续空间最优品项选择法 | 自动化分拣品项数（种） | 2307 | 2573 | 2635 |
| | 总节省人工成本（s） | 44846120 | 48142465 | 49286703 |

如表 3-3 所示，当通道数量为 2700 个时，离散空间品项选择法相比全品项等空间配比法多节省人工成本 9.4%，其总节省人工成本与连续空间最优品项选择法相差 1.6%；当通道数量为 5400 个时，离散空间品项选择法相比传统等空间分配法节省人工成本 4.4%，其总节省人工成本与连续空间最优品项选择法相差 0.3%；当通道数量为 8100 个时，离散空间品项选择法相比全品项等空间配比法多节省人工成本 2.9%，其总节省人工成本与连续空间最优品项选择法相差 0.08%。图 3-4 给出设备通道数量变化全过程中输出总节省人工成本的变化情况。随着通道数量的增加，应用离散空间品项选择法得到的总节省人工成本逐渐逼近连续空间最优品项选择法的总节省人工成本值，且相比全品项等空间配比法可大量节省人工作业时间，特别在通道资源数量相对较少时效果尤其明显。

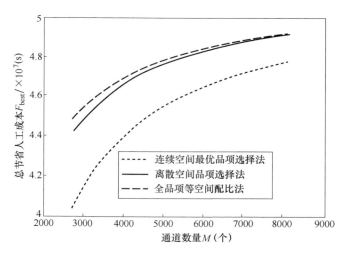

图 3-4　品项选择算法仿真曲线

## 3.5　小结

本章针对阵列式自动拣选系统拣选品项选择与通道配比优化问题,从人工成本的角度进行分析、建模求解与实例仿真;提出的离散空间下启发式算法中全面考虑了人工将货物放入设备的时间和人工行走寻货时间对补货成本的影响,并且满足项目现场设备存储空间离散性约束条件;仿真结果表明该算法求解结果随通道数量增加逐渐逼近连续空间最优品项选择法求解结果,并且相比传统全品项等空间配比法可节省大量人工成本。在某医药配送中心现场实施效果表明该方法能够有效降低总人工作业强度约8%。因此,采用启发式算法求解阵列式自动拣选系统拣选品项选择与通道配比优化问题具有较强的应用价值与实际意义[112]。

本章基于人工成本分析,研究阵列式自动拣选系统拣选品项选择与通道配比优化问题。由于系统拣选品项选择与通道配比也是影响系统拣选效率的因素之一,因此如果综合考虑人工成本与系统拣选效率两个目标,则相应的阵列式自动拣选系统拣选品项选择与通道配比问题的模型和求解会更加复杂,须进一步研究。

# 第 4 章

## 串行合流下单机品项分配优化

根据第 2 章对串行合流下单台阵列式自动拣选机订单处理总时间的分析，单机订单处理总时间等于所有订单内拣货区拣选时间总和。利用单机相同拣货区内不同拣选通道并行拣选的特点，通过品项分配提高订单在各拣货区内的并行拣选量，可有效减少参与拣选的拣货区个数，降低了拣货区拣选时间总和，实现了单机拣选效率的提高。

本章以单机订单处理总时间最小为优化目标，对工作在串行合流下的设备品项分配问题进行研究。通过将每一个通道列视为一个分拣区，阵列式自动拣选机可等效为分区自动化拣选系统，建立该分区自动化拣选系统的品项分配数学模型，根据转化后的目标函数提出改进后的相似系数。在此基础上，设计搜索式层次聚类算法对模型求解。最后根据某医药物流配送中心的订单数据进行实例仿真分析，验证算法的有效性。

## 4.1 品项分配模型

假设阵列式自动拣选机分拣品项集合为 $\Omega$，$k \in \Omega$，对于给定的 $r$ 个订单，$\sum_{i=1}^{r} c_{ik} > 0$，$\forall k \in \Omega$，根据式（2-1）和式（2-2），以最小单机订单处理总时间为目标建立品项分配数学模型。

$$\min T^S = \sum_{i=1}^{r} \sum_{j=1}^{m} \left[ \max_{k \in \Omega}(c'_{ik} x_{jk}) g_1 + \max_{k \in \Omega}(u_{ik} x_{jk}) g_2 \right] \quad (4\text{-}1)$$

s. t.

$$\sum_{j=1}^{m} x_{jk} = 1, \ \forall k \in \Omega \quad (4\text{-}2)$$

$$\sum_{k \in \Omega} h_k x_{jk} \leq n, \ 1 \leq j \leq m \qquad (4\text{-}3)$$

$$x_{jk} \in \{0,1\}, \ 1 \leq j \leq m, \ \forall k \in \Omega \qquad (4\text{-}4)$$

式（4-1）为最小单机订单处理总时间的目标函数。在约束条件中，式（4-2）表示各品项仅能分配在一个拣货区内，式（4-3）表示各拣货区内分配品项对应通道数总和小于或等于单机层数，式（4-4）规定 $x_{jk}$ 为 0～1 的变量。$x_{jk}$ 为 1，表示品项 $k$ 分配至第 $j$ 号拣货区；$x_{jk}$ 为 0，表示品项 $k$ 未分配至第 $j$ 号拣货区。值得注意的是，式（4-3）中 $h_k \in \{1, 2, \cdots, n\}$，$\forall k \in \Omega$，即单个品项对应通道数量为正整数且不超过单机层数。

## 4.2 品项间相关性分析

由阵列式自动拣选机品项分配模型可知，通过将需求相关性强的品项分配至同一拣货区中拣选，可以提高各拣货区内不同通道间的并行拣货量，减少各订单内参与拣选的拣货区个数，实现缩小拣货区拣选时间总和的目标。因此，拣货区间的品项分配问题是一个分类数已知且类容量确定的聚类问题，其中各品项为聚类对象，拣货区个数为分类数，各拣货区内总通道数即设备层数为类容量。

在求解聚类问题时，品项相关性描述的设计会直接影响聚类算法的求解效果。因此，本节对阵列式自动拣选机品项分配模型中品项相关性描述进行研究。

### 4.2.1 基于拣选次数的品项相似系数

在聚类过程中，通常引入相似系数作为品项相关性强弱的描述。著名学者 Frazelle、Amirhosseini、Jane、Garfinkel[113-116]等研究了分区人工拣选系统的品项分配问题，并将其转化为聚类问题进行求解。他们使用品项在订单中的出现次数对相似系数进行描述，本书将其称为基于拣选次数的品项相似系数。

选择应用较广的学者 Jane[115]提出的相似系数进行分析。学者 Jane 在分析分区人工拣选系统时，提出采用 2 个品项在订单中同时出现的次数作为相似系数，即 2 个不同品项 $a$ 和 $b$ 的相似系数为

$$s_{ab}^{\text{Jane}} = s_{ba}^{\text{Jane}} = \sum_{i=1}^{r} u_{ia} u_{ib}, \ \forall a \in \Omega, \ \forall b \in \Omega, \ a \neq b \qquad (4\text{-}5)$$

根据式（4-1），单机订单处理总时间可表示为

$$T^S = \sum_{i=1}^{r} \sum_{j=1}^{m} \max_{k \in \Omega}(c'_{ik} x_{jk}) g_1 + \sum_{i=1}^{r} \sum_{j=1}^{m} \max_{k \in \Omega}(u_{ik} x_{jk}) g_2 \qquad (4\text{-}6)$$

由式（4-6）可知，单机订单处理总时间分成两个部分。一部分是拣货区通道拣货时间之和，即 $\sum_{i=1}^{r}\sum_{j=1}^{m}\max_{k\in\Omega}(c'_{ik}x_{jk})g_1$；另一部分是拣货区合流冗余时间之和，即 $\sum_{i=1}^{r}\sum_{j=1}^{m}\max_{k\in\Omega}(u_{ik}x_{jk})g_2$。其中，拣货区合流冗余时间之和与品项在订单内的共同拣选次数相关，将在订单中同时出现的次数多的品项分在同一个拣货区，可以减少订单中参与拣选的拣货区个数，减少拣货区合流冗余时间之和。但是，由于拣货区通道拣货时间之和与品项在订单内的同时作业拣选量相关，所以该系数对于阵列式自动拣选机品项分配问题中品项相关性的描述不全面。

### 4.2.2 基于拣选量的品项相似系数

学者张贻弓等[105]在对并行分区自动拣选系统品项分配问题的研究中，通过品项在订单内同时作业拣选量对相似系数进行描述。本书将该类系数称为基于拣选量的品项相似系数。参考文献[105]中提出采用两品项在订单中同时作业时拣选量的乘积作为相似系数，即两个不同品项 $a$ 和 $b$ 的相似系数为

$$s_{ab}^{\text{Zhang}} = s_{ba}^{\text{Zhang}} = \sum_{i=1}^{r} c'_{ia} c'_{ib}, \ \forall a \in \Omega, \ \forall b \in \Omega, a \neq b \tag{4-7}$$

根据 $s_{ab}^{\text{Zhang}}$，将在订单中同时作业拣选量大的品项分在同一个拣货区，可以提高同一个拣货区内不同品项间作业的并行性，减少拣货区通道拣货时间之和。但是，$s_{ab}^{\text{Zhang}}$ 仅考虑品项在订单内的同时作业拣选量，没有考虑品项在订单内的共同拣选次数对品项相关性的影响。因此，为求解品项分配问题，需要研究适合阵列式自动拣选机品项分配目标的品项相似系数。

### 4.2.3 改进品项相似系数

首先将目标函数进行等效变换，然后根据变换后的品项分配目标设计改进品项相似系数。

假设阵列式自动拣选机内拣货区数量与 $\Omega$ 内品项个数相等，且每个品项分配一个独立的拣货区。根据式（4-1），串行合流下该设备订单处理总时间为

$$T'^S = \sum_{k\in\Omega}\sum_{i=1}^{r}(c'_{ik}g_1 + u_{ik}g_2) \tag{4-8}$$

式中，$\sum_{i=1}^{r}(c'_{ik}g_1 + u_{ik}g_2)$ 为品项 $k$ 在独立拣货区内拣选时间和，以下称为品项 $k$ 的独立拣选时间。对于给定的 $r$ 个订单，目标函数式（4-1）可等效为

$$\min T^S \Leftrightarrow$$

$$\max \sum_{j=1}^{m} \left\{ \sum_{i=1}^{r} \left[ \left( \sum_{k \in \Omega} c'_{ik} x_{jk} - \max_{k \in \Omega} (c'_{ik} x_{jk}) \right) g_1 + \left( \sum_{k \in \Omega} u_{ik} x_{jk} - \max_{k \in \Omega} (u_{ik} x_{jk}) \right) g_2 \right] \right\}$$

(4-9)

证明：

$$\because \sum_{j=1}^{m} x_{jk} = 1$$

$$\therefore T'^S = \sum_{i=1}^{r} \sum_{j=1}^{m} \sum_{k \in \Omega} (c'_{ik} x_{jk} g_1 + u_{ik} x_{jk} g_2)$$

假设 $r$ 个订单已知，则 $T'^S$ 为常数。

$\min T^S$

$\Leftrightarrow \max (T'^S - T^S)$

$$= \max \left\{ \sum_{i=1}^{r} \sum_{j=1}^{m} \sum_{k \in \Omega} c'_{ik} x_{jk} g_1 + \sum_{i=1}^{r} \sum_{j=1}^{m} \sum_{k \in \Omega} u_{ik} x_{jk} g_2 - \sum_{i=1}^{r} \sum_{j=1}^{m} \left[ \max_{k \in \Omega} (c'_{ik} x_{jk}) g_1 + \max_{k \in \Omega} (u_{ik} x_{jk}) g_2 \right] \right\}$$

$$= \max \sum_{j=1}^{m} \left\{ \sum_{i=1}^{r} \left[ \left( \sum_{k \in \Omega} c'_{ik} x_{jk} - \max_{k \in \Omega} (c'_{ik} x_{jk}) \right) g_1 + \left( \sum_{k \in \Omega} u_{ik} x_{jk} - \max_{k \in \Omega} (u_{ik} x_{jk}) \right) g_2 \right] \right\}$$

证毕。

在式（4-9）中，$\sum_{i=1}^{r} \left[ \left( \sum_{k \in \Omega} c'_{ik} x_{jk} - \max_{k \in \Omega} (c'_{ik} x_{jk}) \right) g_1 + \left( \sum_{k \in \Omega} u_{ik} x_{jk} - \max_{k \in \Omega} (u_{ik} x_{jk}) \right) g_2 \right]$ 为第 $j$ 号拣货区内品项并行作业节省的独立拣选时间。因此，目标函数由最小拣货区拣选时间总和转换为最大拣货区内品项并行作业节省的独立拣选时间总和。

依据式（4-9），将两个不同品项 $a$ 和 $b$ 并行作业节省的独立拣选时间作为改进品项相似系数，则

$$s_{ab} = s_{ba} = \sum_{i=1}^{r} \left\{ \left[ (c'_{ia} + c'_{ib}) - \max(c'_{ia}, c'_{ib}) \right] g_1 + u_{ia} u_{ib} g_2 \right\},$$

$$\forall a \in \Omega, \quad \forall b \in \Omega, \quad a \neq b,$$

(4-10)

式（4-10）中，改进品项相似系数越大，两品项相关性越强，两品项并行作业节省的独立拣选时间越多，因此越适合分配至同一拣货区内。

## 4.3 品项聚类算法

传统聚类算法分为以下五类：基于层次的方法、基于密度的方法、基于划分的方法、基于网格的方法和基于模型的方法。在拣选系统品项分配问题研究中，

基于层次的聚类方法应用较广。层次聚类算法通过逐层聚类的方式将对象组成一棵聚类的树[117]。假设单拣货区内总通道数 n 无限大，则品项分配模型约束条件式（4-3）消失，该品项分配问题属于分类数已知且无类容量约束的聚类问题，采用层次聚类算法求解。运用层次聚类算法求解步骤如下所示：

**步骤 1**：根据品项总数构建等量空类，并为每个类分配一个品项。

**步骤 2**：计算各类间相似系数，构建类间相似系数集合，将集合中最大值相似系数对应的两个类合并为一个类。类的数量减 1。

**步骤 3**：若类的数量大于预定的拣货区数量，转步骤 2，否则结束。

由于约束条件式（4-3）的存在，阵列式自动拣选机的品项分配问题是一个分类数已知且类容量确定的聚类问题，由于类容量的约束，传统的层次聚类算法无法使用，将层次聚类算法进行改进，首先设计针对单品项单通道情况下的静态层次聚类算法，并在此基础上，提出针对品项分配通道数为变量的搜索式层次聚类算法。

### 4.3.1 单品项单通道

当 $h_k=1$，$\forall k \in \Omega$ 时，每个品项仅分配一个拣选通道，约束条件式（4-3）相当于限制各拣货区内分配品项数量必须小于或等于单拣货区总通道数。

设计静态层次聚类算法进行求解，该算法首先定义单品项类和多品项类，然后根据当前各类间相关系数大小、合并后类容量限制以及多品项类数量限制将各品项逐步连通合并完成，其核心思想是从每个品项单独作为一类开始，在满足类内可容纳的最大品项数量限制的条件下，逐步将需求相关性最强的类合并为一类，直至分类数与拣货区数量相等为止。在聚类过程中，通过限制多品项类的数量，即当多品项类的数量达到分类数时，禁止新的多品项类的生成，只允许单品项类与多品项类的合并或多品项类之间的合并，从而有效避免多品项类因容量限制无法合并导致的聚类过程中止问题。

**运用静态层次聚类算法的具体步骤如下：**

**步骤 1**：定义含单个品项的类为单品项类，含多个品项的类为多品项类；将每个待分配品项构成一个单品项类。令 $K$ 为待合并类集合，$\overline{K}$ 为合并完成类集合。初始状态下，$K=\{1,2,\cdots,z\}$，$\overline{K}=\phi$，计算 $K$ 内各类间相似系数，构成类间相似系数集合 $S$。

**步骤 2**：重复步骤 2.1、步骤 2.2，至 $K=\phi$ 为止。

**步骤 2.1**：统计当前 $K$ 中多品项类的数量与 $\overline{K}$ 中类数量，若两者之和等于设

备内拣货区总数 $m$，则令相似系数子集 $\hat{S}$ 等于 $S$ 中全部单品项与多品项类相似系数以及多品项类间相似系数，若两者之和小于设备内拣货区总数 $m$，则 $\hat{S}=S$。

**步骤 2.2**：对 $K$ 中的待合并类进行如下处理：

1）当 $\hat{S}\ne\phi$，找出 $\hat{S}$ 中最大相似系数对应的两个待合并类，假设为类 $a$ 和 $b$。

① 若类 $a$ 和 $b$ 内品项总数小于单拣货区总通道数 $n$，将其合并为一类 $\{a,b\}$，$K\leftarrow K-a-b+\{a,b\}$，在 $S$ 中删除类 $a$ 或 $b$ 与 $K$ 内其他类之间相似系数，在 $S$ 中新增新合并类 $\{a,b\}$ 与 $K$ 内其他类之间相似系数。

② 若类 $a$ 和 $b$ 内品项总数等于单拣货区总通道数 $n$，将其合并为一类置 $\{a,b\}$，$K\leftarrow K-a-b$，$\overline{K}\leftarrow \overline{K}+\{a,b\}$，在 $S$ 中删除类 $a$ 或 $b$ 与 $K$ 内其他类之间相似系数。

③ 若类 $a$ 和 $b$ 内品项总数大于单拣货区总通道数 $n$，在 $S$ 和 $\hat{S}$ 中删除类 $a$ 或 $b$ 间的相似系数，至步骤 2.2。

2）当 $\hat{S}=\phi$，将 $K$ 内类置入集合 $\overline{K}$，$K=\phi$。

**步骤 3**：以 $\overline{K}$ 作为拣货区的品项分配方案计算对应的单机订单处理总时间。

值得注意的是，本算法中每生成一个新合并类，都将订单内两个被合并类的最大拣选量作为新合并类的订单拣选量，并在此基础上，采用品项相似系数计算公式计算新合并类与 $K$ 内其他类之间的相似系数。

## 4.3.2　品项分配通道数为变量

在单品项单通道的情况下，在设备所有通道内对品项任意分配都可生成一个可行解，而当 $h_k\in\{1,2,\cdots,n\}$，$\forall k\in\Omega$，即每个品项可分配多个拣选通道时，在品项聚类过程中不仅需要考虑品项之间相关性的大小，还需要考虑解的可行性问题，即在满足所有品项全部分配至拣货区的可行解中寻找订单处理总时间最小的可行解。

在假设系统至少有一个可行解的条件下，提出一种搜索式层次聚类算法。将层次聚类算法的每一次类合并过程视为一个聚类层级，层级数与类合并次数对应，搜索式层次聚类算法的核心思想是按照静态聚类算法方式进行层次聚类，在每一层级中都依据类间相似系数由大到小的排序确定类间合并优先级。如果聚类层级 $N$ 中所有类间合并方式都不满足类容量约束条件，则将在层级 $N-1$ 中的合并类恢复合并前状态，在层级 $N-1$ 中继续搜索除该无效类组合之外的其余类合并方式。传统层次聚类算法的聚类层级是单向生成的，各层级中生成的合并类不允许拆解；而搜索式层次聚类法在当前层级无法合并时允许聚类层级的回溯，将上

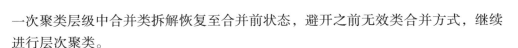

一次聚类层级中合并类拆解恢复至合并前状态，避开之前无效类合并方式，继续进行层次聚类。

**运用搜索式层次聚类算法的步骤如下：**

**步骤 1**：定义含单个品项的类为单品项类，含多个品项的类为多品项类；将每个待分配品项构成一个单品项类。令 $K$ 为待合并类集合，$\overline{K}$ 为合并完成类集合，$y$ 为聚类层级，即类合并次数。初始状态下，$K^1 = \{1, 2, \cdots, z\}$，$\overline{K}^1 = \phi$，$y = 1$，计算 $K^1$ 内各类间相似系数，构成相似系数集合 $S^1$。

**步骤 2**：重复步骤 2.1、步骤 2.2，至 $K^y = \phi$ 为止。

**步骤 2.1**：统计 $K^y$ 中多品项类的数量与 $\overline{K}^y$ 中类数量，若两者之和等于设备拣货区总数 $m$，则相似系数子集 $\hat{S}^y$ 等于 $S^y$ 中全部单品项与多品项类相似系数以及多品项类间相似系数；若两者之和小于 $m$，则 $\hat{S}^y = S^y$。

**步骤 2.2**：对 $K^y$ 中的待合并类进行如下处理：

1) 当 $\hat{S}^y \neq \phi$，在 $\hat{S}^y$ 中找出相似系数最大的两个待合并类，假设为类 $a$ 和 $b$。

① 若类 $a$ 和 $b$ 内通道总数小于单拣货区总通道数 $n$，将其合并为一类 $\{a, b\}$，$K^{y+1} \leftarrow K^y - a - b + \{a, b\}$，$\overline{K}^{y+1} \leftarrow \overline{K}^y$，$S^{y+1}$ 等于 $S^y$ 中除类 $a$ 或 $b$ 与 $K^y$ 内其他类间的相似系数之外的全部相似系数，加上 $\{a, b\}$ 与 $K^{y+1}$ 内其他类间的相似系数，$y = y + 1$。

② 若类 $a$ 和 $b$ 内通道总数等于单拣货区总通道数 $n$，将其合并为一类 $\{a, b\}$，$\overline{K}^{y+1} \leftarrow \overline{K}^y + \{a, b\}$，$K^{y+1} \leftarrow K - a - b$，$S^{y+1}$ 等于 $S^y$ 中除类 $a$ 或 $b$ 与 $K^y$ 内其他类间的相似系数之外的全部相似系数，$y = y + 1$。

③ 若类 $a$ 和 $b$ 内通道总数大于单拣货区总通道数 $n$，在 $S^y$ 和 $\hat{S}^y$ 中分别删除类 $a$ 和 $b$ 间的相似系数，至步骤 2.2。

2) 当 $\hat{S}^y = \phi$，统计 $K^y$ 内待合并类数量和 $\overline{K}^y$ 内合并完成类数量。

① 若两者之和小等于设备拣货区总数 $m$，则 $K^y = \phi$，$\overline{K}^y \leftarrow \overline{K}^y + K^y$。

② 若两者之和大于设备拣货区总数 $m$，则将当前聚类层级 $y$ 还原至聚类层级 $y - 1$ 中生成合并类之前的状态，即 $K^y$ 恢复至 $K^{y-1}$，$\overline{K}^y$ 恢复至 $\overline{K}^{y-1}$，$S^y$ 恢复至 $S^{y-1}$，在 $S^{y-1}$ 中删除还原合并类中被合并两类的相似系数，$y = y - 1$。

**步骤 3**：将 $\overline{K}^y$ 作为拣货区的品项分配方案计算对应的单机订单处理总时间。

## 4.4 实例分析

采用某医药物流配送中心的 2014 年第三季度订单数据，对本章提出算法的有效性进行仿真分析。该医药物流配送中心现场采用 7 台阵列式自动拣选机,每台拣选机包括 7 层、62 列总共 434 个拣货通道,设备通道拣选单位货物的时间为 1s,确保通道列弹出货物全部合流到输送线上的合流冗余时间为 2s。

库内适合采用阵列式自动拣选的药品品项共 2700 种,药品品项信息见表 3-1。首先以系统总节省人工成本最大为目标,采用第 3 章中离散空间品项选择法选择 2187 种品项采用阵列式自动拣选机分拣,然后依据离散空间通道配比法生成通道配比方案。表 4-1 列出该方案中单品项分配通道数量的分布情况。由表 4-1 可知,大部分品项分配 1~2 个拣选通道,少部分品项分配 3 个或 3 个以上拣选通道。

表 4-1　单品项分配通道数量分布情况

| 单品项分配通道数量（个） | 1 | 2 | 3 | 4 | 5 | 6 | 7 |
|---|---|---|---|---|---|---|---|
| 品项数（种） | 1558 | 476 | 103 | 37 | 8 | 4 | 1 |

从订单数据中抽取全部含有选定品项的订单行,构成自动化拣选订单集合,订单信息见表 4-2（仅列出其中 100 个）。对自动化拣选订单集合进行分析,订单拣货量小于或等于 50 个的订单占总设备拣选任务的 96% 以上,订单品项数大于 10 个以上的订单占总设备拣选任务的 89% 以上,因而设备处理订单以多品项、小批量、大尺寸订单为主,阵列式自动拣选机采用串行合流模式。

表 4-2　2014 年 7~9 月份采用阵列式自动拣选系统分拣的订单

（共 367717 个订单行,仅列其中 100 个）

| 记录号 | 订单 ID | 日期 | 客户 ID | 品项 ID | 订货量（个） |
|---|---|---|---|---|---|
| 1 | 1784614 | 2014/9/1 | 2328 | 249 | 2 |
| 2 | 1784614 | 2014/9/1 | 2328 | 329 | 10 |
| 3 | 1784614 | 2014/9/1 | 2328 | 1351 | 10 |
| 4 | 1784614 | 2014/9/1 | 2328 | 1369 | 3 |
| 5 | 1784614 | 2014/9/1 | 2328 | 1597 | 10 |
| 6 | 1784614 | 2014/9/1 | 2328 | 2168 | 10 |
| 7 | 1784614 | 2014/9/1 | 2328 | 3401 | 10 |
| 8 | 1784614 | 2014/9/1 | 2328 | 3786 | 4 |
| 9 | 1784614 | 2014/9/1 | 2328 | 4350 | 10 |
| 10 | 1784614 | 2014/9/1 | 2328 | 4460 | 5 |
| 11 | 1784614 | 2014/9/1 | 2328 | 4696 | 5 |

（续）

| 记录号 | 订单 ID | 日期 | 客户 ID | 品项 ID | 订货量（个） |
|---|---|---|---|---|---|
| 12 | 1784614 | 2014/9/1 | 2328 | 5411 | 10 |
| 13 | 1784616 | 2014/9/1 | 4105 | 825 | 3 |
| 14 | 1784616 | 2014/9/1 | 4105 | 1309 | 2 |
| 15 | 1784616 | 2014/9/1 | 4105 | 1563 | 3 |
| 16 | 1784616 | 2014/9/1 | 4105 | 7310 | 3 |
| 17 | 1784616 | 2014/9/1 | 4105 | 8772 | 5 |
| 18 | 1784616 | 2014/9/1 | 4105 | 12215 | 5 |
| 19 | 1784617 | 2014/9/1 | 1782 | 290 | 5 |
| 20 | 1784617 | 2014/9/1 | 1782 | 294 | 10 |
| 21 | 1784617 | 2014/9/1 | 1782 | 304 | 5 |
| 22 | 1784617 | 2014/9/1 | 1782 | 338 | 10 |
| 23 | 1784617 | 2014/9/1 | 1782 | 364 | 5 |
| 24 | 1784617 | 2014/9/1 | 1782 | 853 | 10 |
| 25 | 1784617 | 2014/9/1 | 1782 | 1313 | 10 |
| 26 | 1784617 | 2014/9/1 | 1782 | 1433 | 5 |
| 27 | 1784617 | 2014/9/1 | 1782 | 2140 | 5 |
| 28 | 1784617 | 2014/9/1 | 1782 | 2173 | 10 |
| 29 | 1784617 | 2014/9/1 | 1782 | 2250 | 5 |
| 30 | 1784617 | 2014/9/1 | 1782 | 2855 | 10 |
| 31 | 1784617 | 2014/9/1 | 1782 | 3271 | 5 |
| 32 | 1784617 | 2014/9/1 | 1782 | 4828 | 5 |
| 33 | 1784617 | 2014/9/1 | 1782 | 12181 | 3 |
| 34 | 1784618 | 2014/9/1 | 1185 | 756 | 3 |
| 35 | 1784618 | 2014/9/1 | 1185 | 1218 | 2 |
| 36 | 1784618 | 2014/9/1 | 1185 | 2242 | 7 |
| 37 | 1784618 | 2014/9/1 | 1185 | 2244 | 5 |
| 38 | 1784618 | 2014/9/1 | 1185 | 2641 | 5 |
| 39 | 1784618 | 2014/9/1 | 1185 | 4057 | 2 |
| 40 | 1784618 | 2014/9/1 | 1185 | 4211 | 2 |
| 41 | 1784618 | 2014/9/1 | 1185 | 4222 | 5 |
| 42 | 1784618 | 2014/9/1 | 1185 | 4686 | 5 |
| 43 | 1784618 | 2014/9/1 | 1185 | 5584 | 10 |

（续）

| 记录号 | 订单ID | 日期 | 客户ID | 品项ID | 订货量（个） |
|---|---|---|---|---|---|
| 44 | 1784618 | 2014/9/1 | 1185 | 9525 | 3 |
| 45 | 1784619 | 2014/9/1 | 4374 | 21 | 5 |
| 46 | 1784619 | 2014/9/1 | 4374 | 241 | 3 |
| 47 | 1784619 | 2014/9/1 | 4374 | 252 | 5 |
| 48 | 1784619 | 2014/9/1 | 4374 | 269 | 3 |
| 49 | 1784619 | 2014/9/1 | 4374 | 286 | 2 |
| 50 | 1784619 | 2014/9/1 | 4374 | 290 | 5 |
| 51 | 1784619 | 2014/9/1 | 4374 | 491 | 5 |
| 52 | 1784619 | 2014/9/1 | 4374 | 1161 | 2 |
| 53 | 1784619 | 2014/9/1 | 4374 | 1934 | 3 |
| 54 | 1784619 | 2014/9/1 | 4374 | 2403 | 5 |
| 55 | 1784619 | 2014/9/1 | 4374 | 2918 | 3 |
| 56 | 1784619 | 2014/9/1 | 4374 | 3222 | 10 |
| 57 | 1784619 | 2014/9/1 | 4374 | 4970 | 3 |
| 58 | 1784619 | 2014/9/1 | 4374 | 5525 | 5 |
| 59 | 1784619 | 2014/9/1 | 4374 | 8026 | 5 |
| 60 | 1784619 | 2014/9/1 | 4374 | 8217 | 3 |
| 61 | 1784619 | 2014/9/1 | 4374 | 11614 | 5 |
| 62 | 1784620 | 2014/9/1 | 4725 | 356 | 2 |
| 63 | 1784620 | 2014/9/1 | 4725 | 691 | 3 |
| 64 | 1784620 | 2014/9/1 | 4725 | 1740 | 2 |
| 65 | 1784620 | 2014/9/1 | 4725 | 1789 | 3 |
| 66 | 1784620 | 2014/9/1 | 4725 | 3185 | 1 |
| 67 | 1784620 | 2014/9/1 | 4725 | 4397 | 2 |
| 68 | 1784620 | 2014/9/1 | 4725 | 4686 | 3 |
| 69 | 1784620 | 2014/9/1 | 4725 | 7090 | 2 |
| 70 | 1784622 | 2014/9/1 | 293 | 792 | 5 |
| 71 | 1784622 | 2014/9/1 | 293 | 902 | 5 |
| 72 | 1784622 | 2014/9/1 | 293 | 1638 | 5 |
| 73 | 1784622 | 2014/9/1 | 293 | 1765 | 3 |
| 74 | 1784622 | 2014/9/1 | 293 | 2140 | 10 |
| 75 | 1784622 | 2014/9/1 | 293 | 3313 | 10 |

（续）

| 记录号 | 订单 ID | 日期 | 客户 ID | 品项 ID | 订货量（个） |
|---|---|---|---|---|---|
| 76 | 1784622 | 2014/9/1 | 293 | 4621 | 5 |
| 77 | 1784622 | 2014/9/1 | 293 | 11737 | 2 |
| 78 | 1784622 | 2014/9/1 | 293 | 11971 | 3 |
| 79 | 1784622 | 2014/9/1 | 293 | 12842 | 5 |
| 80 | 1784622 | 2014/9/1 | 293 | 12935 | 10 |
| 81 | 1784630 | 2014/9/1 | 5166 | 241 | 1 |
| 82 | 1784630 | 2014/9/1 | 5166 | 310 | 1 |
| 83 | 1784630 | 2014/9/1 | 5166 | 350 | 2 |
| 84 | 1784630 | 2014/9/1 | 5166 | 527 | 3 |
| 85 | 1784630 | 2014/9/1 | 5166 | 864 | 1 |
| 86 | 1784630 | 2014/9/1 | 5166 | 1136 | 5 |
| 87 | 1784630 | 2014/9/1 | 5166 | 1179 | 1 |
| 88 | 1784630 | 2014/9/1 | 5166 | 3416 | 1 |
| 89 | 1784630 | 2014/9/1 | 5166 | 3759 | 5 |
| 90 | 1784630 | 2014/9/1 | 5166 | 5061 | 1 |
| 91 | 1784630 | 2014/9/1 | 5166 | 5653 | 3 |
| 92 | 1784630 | 2014/9/1 | 5166 | 11712 | 2 |
| 93 | 1784631 | 2014/9/1 | 3081 | 255 | 2 |
| 94 | 1784631 | 2014/9/1 | 3081 | 269 | 2 |
| 95 | 1784631 | 2014/9/1 | 3081 | 284 | 3 |
| 96 | 1784631 | 2014/9/1 | 3081 | 635 | 1 |
| 97 | 1784631 | 2014/9/1 | 3081 | 768 | 5 |
| 98 | 1784631 | 2014/9/1 | 3081 | 821 | 2 |
| 99 | 1784631 | 2014/9/1 | 3081 | 825 | 2 |
| 100 | 1784631 | 2014/9/1 | 3081 | 906 | 3 |
| … | … | … | … | … | … |

为验证算法的有效性，将基于改进品项相似系数的搜索式层次聚类算法称为算法 A，将基于学者 Jane 提出的相似系数 $s_{ab}^{Jane}$ 的搜索式层次聚类算法称为算法 B，将基于学者张贻弓提出的相似系数 $s_{ab}^{Zhang}$ 的搜索式层次聚类算法称为算法 C，将采用品项随机分配的算法命名为算法 D。值得注意的是，由于装载约束的限制，该品项随机分配算法是在已有品项分配方案基础上，采用通道数量相同的品项随机交换位置的方式生成品项分配方案。选择一台阵列式自动拣选机，设计如下实验：每次仿真从设备可拣选的 2187 种品项中随机选取满足总通道数量大于或等

于 428 且小于或等于 434 的品项集和，分别采用算法 A、算法 B、算法 C 和算法 D 生成拣货区品项分配方案，然后根据 2014 年第三季度的配送中心订单数据计算 7 月、8 月、9 月串行合流下的单机订单处理总时间，按此方法重复仿真 100 次，求仿真结果均值，如表 4-3 所示。

表 4-3 不同算法求解品项分配问题得到的串行合流下单机订单处理总时间

| 时间 | 订单数（个） | 算法 D | 算法 C | | 算法 B | | 算法 A | |
| --- | --- | --- | --- | --- | --- | --- | --- | --- |
| | | $T^{SD}$/s | $T^{SC}$/s | $\frac{T^{SD}-T^{SC}}{T^{SD}}$(%) | $T^{SB}$/s | $\frac{T^{SD}-T^{SB}}{T^{SD}}$(%) | $T^{SA}$/s | $\frac{T^{SD}-T^{SA}}{T^{SD}}$(%) |
| 7 月 | 3962 | 54940 | 52918 | 4.85 | 53424 | 2.76 | 51907 | 5.53 |
| 8 月 | 4033 | 56427 | 54418 | 4.41 | 55010 | 2.52 | 53539 | 5.13 |
| 9 月 | 4162 | 58812 | 56677 | 4.67 | 57270 | 2.64 | 55713 | 5.31 |
| 月均 | 4052 | 56726 | 54671 | 4.64 | 55235 | 2.64 | 53720 | 5.32 |

在表 4-3 中，$T^{SA}$、$T^{SB}$、$T^{SC}$ 和 $T^{SD}$ 分别为应用算法 A、算法 B、算法 C 和算法 D 得到串行合流下单机订单处理总时间。根据表 4-3 可知，在 7 月、8 月、9 月内，应用算法 B 求得的订单处理总时间相比算法 D 各减少 2.76%、2.52% 和 2.64%，应用算法 C 求得的订单处理总时间相比算法 D 各减少 4.85%、4.41% 和 4.67%，应用算法 A 得到的订单处理总时间相比算法 D 各减少 5.53%、5.13% 和 5.31%，在第三季度内，算法 A、算法 B 和算法 C 得到的订单处理总时间相比算法 D 月均降幅分别为 5.32%、2.64%、4.64%。因此，针对优化目标最小订单处理总时间，基于搜索式层次聚类算法的算法 A、算法 B、算法 C 都明显优于算法 D；而在相同聚类算法情况下，算法 A 因采用改进品项相似系数，其对应的订单处理总时间最小。

为全面评估本章提出算法的优化效果和计算速度，以 2015 年 9 月份的订单数据为基础，分别对不同拣货区数量的单机品项分配问题和不同设备层数的单机品项分配问题进行分析。在 MATLAB 7.0 环境下，将算法 A、算法 B、算法 C 和算法 D 分别在配置为 Inter 2.2GHz 、4GB RAM 的计算机上运行，具体结果分别见表 4-4 和图 4-1。

表 4-4 给出在设定拣货区内通道数量为 7 个的条件下，不同拣货区数量的单机设备应用算法 A、B、C、D 的性能情况。随着拣货区数量的增加，$T^A$ 相比 $T^D$ 的优化幅度在 5.41% 左右波动，$T^B$ 相比 $T^D$ 的优化幅度在 2.52% 左右波动，$T^C$ 相比 $T^D$ 的优化幅度在 4.63% 左右波动，且都波动幅度不大，因此算法 A 对订单处理总时间的优化性能较稳定，且优于算法 B 和算法 C。此外，随着问题规模的增

大，算法 A 的运算时间在逐渐增加，针对基于 2.2877 万个订单行数据的约 500 个品项分配到 100 个拣货区的大规模品项分配优化问题，运算在 1min 完成。由此可知，针对优化目标最小订单处理总时间，本章提出的启发式算法能够在可以接受时间内得到效果明显优于随机分配法的品项分配方案，且改进后的相似系数对阵列式自动拣选机品项分配问题的品项相关性描述更准确。

表 4-4　不同数量拣货区的设备应用算法 A、B、C、D 性能评估表

| 拣货区数（个） | 订单行数（个） | $(T^{SD}-T^{SC})/T^{SD}$（%） | $(T^{SD}-T^{SB})/T^{SD}$（%） | $(T^{SD}-T^{SA})/T^{SD}$（%） | 算法 A 运算时间/s |
|---|---|---|---|---|---|
| 10 | 699 | 4.91 | 2.83 | 5.89 | 0.07 |
| 20 | 1941 | 4.76 | 2.73 | 5.72 | 0.22 |
| 30 | 3343 | 4.62 | 2.38 | 5.24 | 0.90 |
| 40 | 4976 | 4.68 | 2.46 | 5.31 | 2.09 |
| 50 | 8854 | 4.64 | 2.23 | 5.24 | 4.85 |
| 60 | 10923 | 4.69 | 2.63 | 5.46 | 7.96 |
| 70 | 13198 | 4.61 | 2.45 | 5.24 | 15.78 |
| 80 | 16575 | 4.37 | 2.76 | 5.25 | 23.63 |
| 90 | 20546 | 4.42 | 2.29 | 5.15 | 35.29 |
| 100 | 22877 | 4.56 | 2.48 | 5.56 | 47.99 |

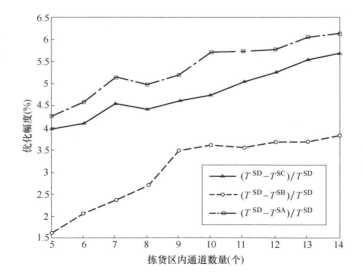

图 4-1　不同层数的设备应用算法 A、B、C、D 性能评估

值得注意的是，回溯次数是影响算法计算速度的主要因素之一。拣选品项的数量与通道配比方案会对算法中发生的回溯次数产生影响。当拣选品项数量多，且品项平均分配通道数量少时，回溯次数较少甚至为 0 的可能性大；而当拣选品项数量少，且品项平均分配通道数量多时，回溯次数较多甚至无可行解的可能性大。根据第 3 章中的研究可知，在现场拣选通道资源有限的情况下，为实现系统总节省人工成本最大的目标，离散空间品项选择法会选择尽可能多的自动化作业效率系数大的品项采用设备分拣，而设备拣选的品项越多，每个品项分配的平均拣选通道数量就越少，因此算法过程中发生的回溯次数较少甚至为 0 的可能性大。此外，品项合并顺序也会对该算法中发生的回溯次数产生影响。当根据分配通道数量由多到少的顺序对品项进行合并时，回溯次数较少甚至为 0 的可能性大；而根据分配通道数量由少到多的顺序对品项进行合并时，回溯次数较多甚至无可行解的可能性大。第 3 章中提出的离散空间通道配比法以总补货次数最小为目标确定品项分配通道数量，拣选数量多的品项通常分配通道数量相对较多，根据品项相似系数计算公式可知，较大相似系数对应的两个品项往往各自拣选量较多，依类间相似系数由大到小的排序确定类间合并优先级的方法与根据分配通道数量由多到少的顺序对品项进行合并的方法相近，因此算法过程中发生回溯次数较少甚至为 0 的可能性大。

图 4-1 表示在设定单机拣货区数量为 62 个的条件下，通过仿真实验得到的不同层数的设备应用算法 A、B、C、D 的性能情况。由图 4-1 可知，在设备层数即拣货区内通道数量从 5 个增加到 14 个过程中，算法 A 的性能都优于算法 B 和算法 C，并且优化效果随着拣货区内通道数量的增加越来越明显，原因在于增大拣货区内通道数量可以增加拣货区内拣选的品项数量，利用聚类算法提高品项并行作业量的优势可更好地发挥。但是，由于受到现场空间高度和人工补货高度的限制，阵列式自动拣选机的层数不可能无限增加，所以设计人员可在满足高度约束的范围内尽可能增加设备层数。

此外，根据第 2 章给出的并行合流模式单机订单处理总时间表达式，设备订单处理总时间等于所有订单内最大虚拟容器传输时间之和，虚拟容器传输时间包括拣货区拣选时间和延迟时间，因此并行合流下单机订单处理总时间与拣货区拣选时间也有一定相关性。选择一台阵列式自动拣选机，采用与表 4-3 相同的试验方法：分别采用算法 A、算法 B、算法 C 和算法 D 生成拣货区品项分配方案，然后根据 2014 年第三季度的配送中心订单数据计算 7~9 月的并行合流下的单机订单处理总时间，按此方法重复仿真 100 次，求仿真结果均值，如表 4-5 所示。

在表 4-5 中，$T^{PA}$、$T^{PB}$、$T^{PC}$ 和 $T^{PD}$ 分别为应用算法 A、算法 B、算法 C 和算法 D 得到并行合流下单机订单处理总时间。由表 4-5 可知，在 7~9 月内，应用算法 C 得到的订单处理总时间相比算法 D 各减少 4.90%、4.51% 和 4.67%，应用算法 B 得到的订单处理总时间相比算法 D 各减少 3.61%、3.19% 和 2.96%，应用算法 A 得到的订单处理总时间相比算法 D 各减少 5.05%、4.64% 和 4.75%，在第三季度内，算法 A、算法 B 和算法 C 得到的订单处理总时间相比算法 D 月均降幅分别为 4.81%、3.25%、4.69%。因此，本章提出的算法对并行合流下设备分拣效率的提高也有一定的优化效果。

表 4-5  不同算法求解品项分配问题得到的并行合流下单机订单处理总时间

| 时间 | 算法 D | 算法 C | | 算法 B | | 算法 A | |
| --- | --- | --- | --- | --- | --- | --- | --- |
| | $T^{PD}$/s | $T^{PC}$/s | $\dfrac{T^{PD}-T^{PC}}{T^{PD}}$ (%) | $T^{PB}$/s | $\dfrac{T^{PD}-T^{PB}}{T^{PD}}$ (%) | $T^{PA}$/s | $\dfrac{T^{PD}-T^{PA}}{T^{PD}}$ (%) |
| 7 月 | 49882 | 47438 | 4.90 | 48084 | 3.61 | 47367 | 5.05 |
| 8 月 | 51269 | 48957 | 4.51 | 49638 | 3.19 | 48895 | 4.64 |
| 9 月 | 53439 | 50943 | 4.67 | 51857 | 2.96 | 50919 | 4.75 |
| 月均 | 51530 | 49113 | 4.69 | 49860 | 3.25 | 49060 | 4.81 |

## 4.5  小结

本章以提高串行合流下单机订单分拣效率为目标，对设备品项分配优化问题进行了分析、建模求解与实例仿真。实例分析结果表明，相比传统的品项随机分配法，本章提出基于改进品项相似系数的搜索式层次聚类算法可使订单拣选效率提高约 5%，且改进品项相似系数由于考虑了品项间同时作业拣选量和品项间同时拣选频次对订单处理总时间的综合影响，所以优于基于拣选频次的品项相似系数 $s_{ab}^{Jane}$ 和基于拣选量的品项相似系数 $s_{ab}^{Zhang}$。

仿真实验证明本章提出品项分配方法对并行合流下设备分拣效率的提高也同样有效。通过对比表 4-3 和表 4-5 可发现，针对相同的订单数据，并行合流下单机订单处理总时间小于拣货区拣选时间总和，并行合流下单机订单处理总时间的构成更加复杂，因此对于并行合流下单机订单处理总时间的优化方法还需更深入的研究。

# 第 5 章

# 并行合流下单机列品项货位分配优化

根据第 2 章并行合流下订单处理总时间数学表达式可知，单机订单处理总时间等于各订单内最大虚拟容器传输时间总和。在并行合流下，虚拟容器的始端为订单内最早拣选拣货区开始工作时刻对应的输送线位置端，虚拟容器的末端为当前拣货区拣选结束时刻对应的输送线位置端，因此在输送线传输速度固定的条件下，虚拟容器传输时间不仅取决于拣货区的拣选时间，还取决于订单内各工作拣货区的相互位置。

本章通过拣货区作业时序分析对单个订单处理时间的构成进行深入研究，建立阵列式自动拣选机订单处理总时间数学模型。利用现场工况约束条件，将模型简化为拣货区拣选时间总和减去总虚拟视窗时差。在品项分配方案确定的条件下，将每一个拣货区品项集合等效为单个列品项，并在此基础上，将最小单机订单总时间优化问题归结为以最大总虚拟视窗时差为目标的列品项货位分配问题，然后设计聚类算法进行求解。通过实例分析证明算法有效性。

## 5.1 列品项货位分配模型建立

根据第 1 章并行分区自动化拣选系统的相关研究综述可知，由于并行分区自动化拣选系统内每个拣货区都设有缓存区和合流控制设备，不同拣货区之间可并行作业，所以拣货区之间相互位置对拣选效率没有影响。与以上系统不同，阵列式自动拣选机的拣选通道采用矩阵式控制接线方式，各拣货区之间串行作业，即对于一台设备内的多个拣货区，同一时间只允许其中一个拣货区内通道同时拣选，沿输送方向各拣货区依次交替工作，因而阵列式自动拣选机属于串行分区自动化拣选系统，各品项所处拣货区位置决定了在同一订单内不同品项之间的拣选顺序。

## 5.1.1 拣货区工作时序

根据式（2-4）和式（2-5），并行合流下阵列式自动拣选机单个订单处理时间可以表示为

$$T_i^P = \max_{1 \leq j \leq m}(t_{ij} + D_{ij}), 1 \leq i \leq r \qquad (5-1)$$

利用作业时序分析法，分析并行合流下第 $i$ 个订单内第 $j$ 号拣货区的延迟时间 $D_{ij}$ 的构成。如图 5-1 所示，逻辑变量 1 表示拣货区为拣选状态，0 表示拣货区为停止状态，图 5-1 下方为各订单所对应的虚拟视窗到达各拣货区的时序，与上方拣货区拣选时序进行对照分析。在订单拣选过程中，若某一拣货区（如第 $i-1$ 个订单中 1、2、3 和 $m$ 号拣货区、第 $i$ 个订单中第 1 号拣货区）在虚拟视窗到达时，前一个相邻拣货区拣选货物已完成，该拣货区内立即开始拣选，虚拟容器传输时间等于该拣货区拣选时间，$D_{ij}$ 为 0；若某一拣货区（如第 $i$ 个订单中 2、3 和第 $m$ 号拣货区）在虚拟视窗到达时，前一个相邻拣货区拣选货物未完成，则该拣货区需拖延至前一个相邻拣货区拣选完成之后才能工作，$D_{ij}$ 为前一相邻拣货区的虚拟容器传输时间减去虚拟视窗到达该两相邻拣货区的时间差。

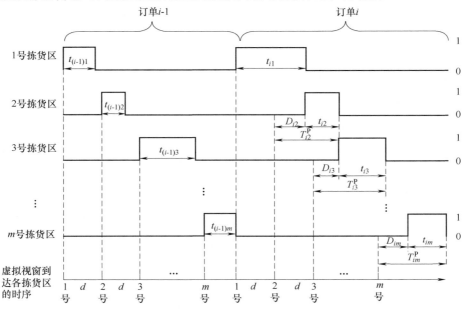

图 5-1 阵列式自动拣选机拣货区拣选时序图

假设阵列式自动拣选机包含 $m$ 个拣货区，设备拣货区内品项分配方案确定，第 $j$ 号拣货区的品项集合为 $I_j$，对于串行合流下第 $i$ 个订单内第 $j$ 号拣货区的延迟时间 $D_{ij}$ 计算公式为

$$D_{ij} = \begin{cases} 0, & T_{i(j-1)} < d \text{ 或 } j \in \{1 \leq j \leq p_i \text{ 或 } q_i < j \leq m\} \\ T_{i(j-1)} - d, & T_{i(j-1)} \geq d \end{cases}, 1 \leq i \leq r, \ 1 \leq j \leq m \tag{5-2}$$

$$p_i = \min_{1 \leq j \leq m} \left\{ j \mid \max_{k \in I_j} u_{ik} = 1 \right\}, 1 \leq i \leq r \tag{5-3}$$

$$q_i = \max_{1 \leq j \leq m} \left\{ j \mid \max_{k \in I_j} u_{ik} = 1 \right\}, 1 \leq i \leq r \tag{5-4}$$

$$d = \frac{\beta}{v} \tag{5-5}$$

式（5-2）表示在第 $i$ 个订单拣选过程中，对拣货区编号小于或等于 $p_i$ 或大于 $q_i$ 的拣货区其延迟时间为 0；对拣货区编号大于 $p_i$ 且小于或等于 $q_i$ 之间的拣货区，当前一相邻拣货区的虚拟容器传输时间小于虚拟视窗到达该两相邻拣货区的时间差，则该拣货区延迟时间为 0，反之则该拣货区延迟时间为前一相邻拣货区的虚拟容器传输时间减去虚拟视窗到达该两相邻拣货区的时间差。式（5-3）定义 $p_i$ 为第 $i$ 个订单内最早开始工作的拣货区编号，同时也是虚拟视窗到达时刻最早的编号。式（5-4）定义 $q_i$ 为订单 $i$ 内最晚开始工作的拣货区编号，同时也是虚拟视窗到达时刻最晚的编号。式（5-5）定义虚拟视窗到达相邻两个拣货区的时间差 $d$ 等于相邻两拣货区之间的距离 $\beta$ 除以输送线传输速度 $v$。

## 5.1.2 订单处理总时间模型简化

对于给定的 $r$ 个订单，根据式（2-4）、式（2-5）、式（5-3）与式（5-4），可得阵列式自动拣选机的订单处理总时间为

$$T^P = \sum_{i=1}^{r} \max_{p_i \leq j \leq q_i} (t_{ij} + D_{ij}) \tag{5-6}$$

为保证现场所有虚拟视窗具有足够的长度空间容纳订单拣选货物，输送线需固定较高的输送速度，虚拟视窗到达设备内任意两拣货区间的时差较小；同时受拣货区弹出货物下滑到输送线上的冗余时间影响，拣货区拣选时间相对较大，所以现场存在如下条件：

$$g_1 + g_2 \geq (m-1)d \tag{5-7}$$

式（5-7）表示拣货区最小拣选时间大于或等于虚拟视窗到达设备内相距最远的两拣货区的时间差，其中拣货区最小拣选时间为拣货区弹射单件货物并下滑

到输送线上的时间。在此条件下，式（5-6）可以进行如下简化：

$$T^P = \sum_{i=1}^{r}\sum_{j=p_i}^{q_i} t_{ij} - \sum_{i=1}^{r}(q_i - p_i)d \tag{5-8}$$

**证明：**

$\because g_1 + g_2 \geq (m-1)d \Rightarrow t_{ij^*} \geq d$

$j^* \in \left\{ j \Big| \max\limits_{k \in I_j} u_{ik} = 1 \ \text{ and } \ 1 \leq p_i \leq j \leq q_i \leq m \right\}, 1 \leq i \leq r$

$\therefore T^P_{ip_i} = t_{ip_i}$

$T^P_{ip_i} \geq d, T^P_{i(p_i+1)} = t_{i(p_i+1)} + T^P_{ip_i} - d = \sum\limits_{j=p_i}^{p_i+1} t_{ij} - d$

$T^P_{i(p_i+1)} \geq d, T^P_{i(p_i+2)} = t_{i(p_i+2)} + T^P_{i(p_i+1)} - d = \sum\limits_{j=p_i}^{p_i+2} t_{ij} - 2d$

…

$T^P_{iq_i} \geq d, T^P_{iq_i} = t_{iq_i} + T^P_{i(q_i-1)} - d = \sum\limits_{j=p_i}^{q_i} t_{ij} - (q_i - p_i)d$

$\therefore T^P_{ij^*} = \sum\limits_{j=p_i}^{j^*} t_{ij} - (j^* - p_i)d$

$\therefore T^P_{iq_i} - T^P_{ij^*} = \sum\limits_{j=p_i}^{q_i} t_{ij} - \sum\limits_{j=p_i}^{j^*} t_{ij} - (q_i - j^*)d = \sum\limits_{j=j^*}^{q_i} t_{ij} - (q_i - j^*)d \geq t_{iq_i} - (q_i - j^*)d \geq 0$

$\therefore T^P_i = \max\limits_{p_i \leq j \leq q_i}\{T^P_{ij}\} = T^P_{iq_i} = \sum\limits_{j=p_i}^{q_i} t_{ij} - (q_i - p_i)d$

$\therefore T^P = \sum\limits_{i=1}^{r} T^P_{iq_i} = \sum\limits_{i=1}^{r}\left(\sum\limits_{j=p_i}^{q_i} t_{ij} - (q_i - p_i)d\right) = \sum\limits_{i=1}^{r}\sum\limits_{j=p_i}^{q_i} t_{ij} - \sum\limits_{i=1}^{r}(q_i - p_i)d$

### 5.1.3 列品项与货位分配

假设订单数据和品项分配方案已确定，在不改变单机订单处理总时间的条件下，将每一个拣货区内的品项集合 $I_\alpha$ 等效为一个列品项 $\alpha$，$1 \leq \alpha \leq m$，令每个列品项 $\alpha$ 在第 $i$ 个订单中最大通道拣选量为

$$c'_{i\alpha} = \max_{k \in I_\alpha} c'_{ik}, 1 \leq i \leq r, 1 \leq \alpha \leq m \tag{5-9}$$

根据式（5-9），可将 $r$ 个原始订单转化为 $r$ 个包含列品项的等效订单。令 $u_{i\alpha}$ 为 0~1 的变量，当 $c'_{i\alpha} > 0$ 时，$u_{i\alpha}$ 为 1；当 $c'_{i\alpha} = 0$ 时，$u_{i\alpha}$ 为 0，由此可知：

$$u_{i\alpha} = \max_{k \in I_\alpha} u_{ik}, 1 \leq i \leq r, 1 \leq \alpha \leq m \tag{5-10}$$

将式（2-5）、式（5-9）和式（5-10）代入式（5-8），可得设备拣选 $r$ 个列

品项订单的订单处理总时间为

$$T^{\mathrm{p}} = \sum_{i=1}^{r} \sum_{j=p_i}^{q_i} \left( \max_{k \in I_j} c'_{ik} g_1 + \max_{k \in I_j} u_{ik} g_2 \right) - \sum_{i=1}^{r} (q_i - p_i) d \quad (5\text{-}11)$$

$$= \sum_{i=1}^{r} \sum_{\alpha=1}^{m} (c'_{i\alpha} g_1 + u_{i\alpha} g_2) - \sum_{i=1}^{r} (q_i - p_i) d$$

由式（5-11）可知等效前后单机订单处理总时间保持不变。

令 $\delta_i = (q_i - p_i)d$，$1 \leqslant i \leqslant r$，将 $\delta_i$ 定义为第 $i$ 个订单的虚拟视窗时差，它表示虚拟视窗到达第 $i$ 个订单内最晚拣选的拣货区和最早拣选的拣货区的时间差。由式（5-11）可知，在订单数据和品项分配方案确定的条件下，拣货区拣选时间总和为确定值，则虚拟视窗时差之和越大，则订单处理总时间越短，所以优化目标最小订单处理总时间可等价为最大总虚拟视窗时差，即

$$\min T^{\mathrm{p}} \Leftrightarrow \max \sum_{i=1}^{r} \delta_i \quad (5\text{-}12)$$

由于 $d = \dfrac{\beta}{v}$，在设定拣货区宽度 $\beta$ 相等、输送线传输速度 $v$ 固定的条件下，虚拟视窗到达相邻两个拣货区的时间差 $d$ 为定值，所以 $\delta_i$ 仅与第 $i$ 个订单内最早开始工作的拣货区和最晚开始工作的拣货区的编号相关。根据式（5-11）和式（5-12），以最大总虚拟视窗时差为目标建立列品项 $\alpha$ 在拣货区间的排序模型。

$$U = \max \sum_{i=1}^{r} \max_{\substack{1 \leqslant j_1 < j_2 \leqslant m \\ 1 \leqslant \alpha_1 \leqslant m, 1 \leqslant \alpha_2 \leqslant m}} \left\{ (j_2 - j_1) d x_{j_1 \alpha_1} x_{j_2 \alpha_2} u_{i\alpha_1} u_{i\alpha_2} \right\} \quad (5\text{-}13)$$

式中，$j_1$ 和 $j_2$ 为设备内两个不同拣货区编号；$\alpha_1$ 和 $\alpha_2$ 为两个不同列品项，即 $\alpha_1 \neq \alpha_2$。

$$x_{j_1 \alpha_1} = \begin{cases} 1, & \text{列品项 } \alpha_1 \text{ 在 } j_1 \text{ 号拣货区} \\ 0, & \text{列品项 } \alpha_1 \text{ 不在 } j_1 \text{ 号拣货区} \end{cases}$$

$$x_{j_2 \alpha_2} = \begin{cases} 1, & \text{列品项 } \alpha_2 \text{ 在 } j_2 \text{ 号拣货区} \\ 0, & \text{列品项 } \alpha_2 \text{ 不在 } j_2 \text{ 号拣货区} \end{cases}$$

$$u_{i\alpha_1} = \begin{cases} 1, & c'_{i\alpha_1} > 0 \\ 0, & c'_{i\alpha_1} = 0 \end{cases}$$

$$u_{i\alpha_2} = \begin{cases} 1, & c'_{i\alpha_2} > 0 \\ 0, & c'_{i\alpha_2} = 0 \end{cases}$$

该目标函数的约束条件为

$$\sum_{j_1=1}^{m}\sum_{\alpha_1=1}^{m} x_{j_1\alpha_1} = 1 \qquad (5\text{-}14)$$

$$\sum_{j_2=1}^{m}\sum_{\alpha_2=1}^{m} x_{j_2\alpha_2} = 1 \qquad (5\text{-}15)$$

由模型可知，各列品项在各拣货区间的排序方案决定各订单内最早拣选的拣货区与最晚拣选的拣货区之间的距离，进而影响各虚拟视窗时差的大小。由于总虚拟视窗时差与订单处理总时间相关，所以通过对各列品项在阵列式自动拣选设备拣货区间的位置优化，可提高该设备的拣选效率。

式（5-14）与式（5-15）表示设备拣货区与列品项一一对应。

## 5.2　列品项货位分配模型求解

阵列式自动拣选机列品项货位分配模型是一个非线性整数规划问题，属于典型的 NP-hard 问题。目标函数式（5-13）中，$u_{i\alpha_1}u_{i\alpha_2}$ 表示在第 $i$ 个订单中 $\alpha_1$ 和 $\alpha_2$ 是否同时出现，拣货区编号差 $(j_2-j_1)d$ 表示两列之间距离，由此可知欲优化该问题，可将订单集合中需求相关性强的列品项分配至间隔距离尽可能远的拣货区存储，这是设计聚类方法的核心思想。

利用第 4 章中学者 Jane[115] 提出的品项相似系数对列品项间需求相关性进行描述：

$$s_{\alpha_1\alpha_2} = s_{\alpha_2\alpha_1} = \sum_{i=1}^{r} u_{i\alpha_1} u_{i\alpha_2}, 1 \leqslant \alpha_1 \leqslant m, 1 \leqslant \alpha_2 \leqslant m, \alpha_1 \neq \alpha_2 \qquad (5\text{-}16)$$

设计聚类算法求解。该算法基本思想如图 5-2 所示。在设备拣货区间定义两个动态分区，每个分区构建一个列品项类；计算所有列品项与其余列品项集合之间的相似系数，选择相似系数最大的前两个列品项置于间隔距离最远的设备两端拣货区；计算剩余未分配列品项与各列品项类的相似系数，将相似系数最大的列品项存放至离相关列品项类距离最远的空余拣货区，同时更新动态分区边界，扩大列品项类内列品项数，重复该步骤，直至所有列品项分配完毕。

在聚类过程中，需要计算剩余未分配列品项与各列品项类的相似系数，将相似系数最大的列品项分配至离相关列品项类距离最远的空余拣货区。分析列品项与列品项类之间相关性的传统方法是将单个列品项与类内所有列品项的相似系数之和作为该列品项与类之间的相似系数[115]。考虑一种简单情形，假设五个订单内四种品项的拣选内容如表 5-1 所示，由于虚拟视窗时差与品项具体拣选数量无关，所以订单内品项拣选数量都用符号"√"表示。品项 $a$ 和 $b$ 为位于同一分区

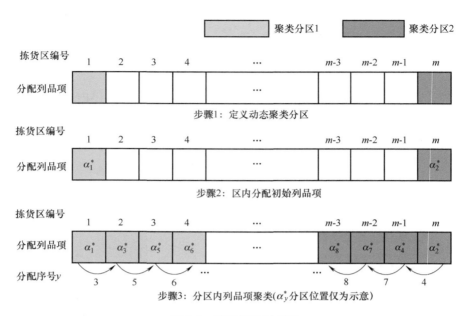

图 5-2 聚类算法示意图

相邻拣货区上的品项类,分析未分配品项 $c$、品项 $d$ 与该类之间的相关性。根据参考文献 [115] 中的计算,品项 $c$、$d$ 与类之间的相似系数分别为 4、3,品项 $c$ 与类之间的相关性强于品项 $d$;由式(5-13)可知,虚拟视窗时差仅取决于订单内最早、最晚拣选拣货区所对应的两品项,所以品项与类内任意品项同时出现的订单个数是判断品项与类之间相关性强弱的依据,品项 $d$ 与品项 $a$ 或 $b$ 同时出现的订单个数为 3,品项 $c$ 与品项 $a$ 或 $b$ 同时出现的订单个数为 2,品项 $d$ 与类之间的相关性强于品项 $c$。基于以上分析,定义列品项 $\alpha_1$ 与列品项集合 $G$,$\alpha_2 \in G$,$\alpha_1 \notin G$ 之间相似系数为

$$S_{\alpha_1 G} = \sum_{i=1}^{r} \max_{\substack{\alpha_2 \in G \\ \alpha_1 \neq \alpha_2}} \{u_{i\alpha_1} u_{i\alpha_2}\} \tag{5-17}$$

当 $G = \{\alpha_2 | \alpha_2 \neq \alpha_1\}$ 时,式(5-17)等于式(5-16)。

表 5-1 订单示例

| 订单号 | 品项 a | 品项 b | 品项 c | 品项 d | … |
|---|---|---|---|---|---|
| 1 | √ | √ | √ | | … |
| 2 | √ | | | √ | … |
| 3 | | √ | | √ | … |

（续）

| 订单号 | 品项 a | 品项 b | 品项 c | 品项 d | … |
|---|---|---|---|---|---|
| 4 | √ | √ | √ |  | … |
| 5 | √ |  |  | √ | … |

**运用聚类算法的具体步骤如下：**

**步骤 1**：定义动态分区：设备内所有拣货区编号根据虚拟视窗到达时刻的先后顺序由 1 到 $m$ 依次编定，定义 1 号拣货区和在 1 号拣货区至相邻第一个未分配列品项的拣货区之间，全部已分配列品项的拣货区为分区 1；$m$ 号拣货区和在 $m$ 号拣货区至相邻第一个未分配列品项的拣货区之间，全部已分配列品项的拣货区为分区 2。

**步骤 2**：区内分配初始列品项：

1）针对订单集合 $P$ 根据式（5-17）计算各列品项其余列品项集合之间 $m$ 个相似系数，并按照相似系数由大到小的顺序将列品项排序。

2）选取排在前两位的列品项 $\alpha_1^*$ 和 $\alpha_2^*$ 分别分配至 1 号拣货区和 $m$ 号拣货区。

**步骤 3**：分区内列品项聚类：将未分配的 $m-2$ 个列品项循环下列步骤在各分区内进行逐个货位分配，$y$ 取 $3 \sim m$。

**步骤 3.1** 在订单集合 $P$ 中删除所有同时包含分区 1 中任意列品项与分区 2 中任意列品项的订单，得订单集合 $P^y$。

**步骤 3.2** 根据 $P^y$，利用式（5-17）计算所有未分配列品项与分区列品项类之间相似系数。

**步骤 3.3** 选取最大相似系数对应的分区和未分配列品项 $\alpha_y^*$。

1）若为分区 1，将 $\alpha_y^*$ 分配至最靠近分区 2 的未分配拣货区，更新分区 2 内列品项。

2）若为分区 2，将 $\alpha_y^*$ 分配至最靠近分区 1 的未分配拣货区，更新分区 1 内列品项。

在分区品项聚类中，用于计算列品项相关系数的订单集合 $P^y$ 随着列品项分配过程动态发生变化。由式（5-13）可知，各虚拟视窗时差仅取决于订单内相距最远的两拣选拣货区，而与其余拣选拣货区无关。如图 5-2 所示，在聚类过程中，列品项由相隔距离最远的设备两端拣货区开始向内逐个进行货位分配，对于同时包含分区 1 内任意列品项与分区 2 内任意列品项的订单，其虚拟视窗时差已确定，因而分区内每新增一个列品项，都需要删除订单集合 $P$ 中虚拟视窗时差已确定的订单，仅对虚拟视窗时差还未确定的订单集合 $P^y$ 进行相关性分析。

## 5.3 实例分析

为验证阵列式自动拣选机订单处理总时间数学模型的正确性与优化算法的有效性，进行实证分析。采用某医药物流配送中心 2014 年第一季度的订单数据。现场采用 7 台阵列式自动拣选机，承担 1945 种药品品项的自动化拣选任务。每台设备内部有 62 个宽度相同的拣货区，每列由 10 层通道构成，62 个拣货区宽度之和为 3m。现场输送线传输速度为 1m/s，通道弹出机构动作一次时间为 1s，拣货区弹出货物下滑到输送线上的冗余时间为 2s。

根据第 4 章搜索式层次聚类算法得到的品项分配方案，然后将拣货区品项集合按任务均衡原则分配至各台设备，得到现有各台设备内的品项货位分配方案。表 5-2 给出了依据现有设备内品项对 2014 年第一季度的订单数据进行拆分后，各台设备在 1 月、2 月和 3 月的拣选订单数量，每个月内各台设备拣选任务量相对均匀，该季度内各台设备月拣选任务量波动较小。

表 5-2　第一季度 7 台阵列式自动拣选机拣选订单任务表

| 设 备 号 | 设备拣选订单数量（个） | | |
|---|---|---|---|
| | 1月 | 2月 | 3月 |
| 1 | 4120 | 3991 | 4085 |
| 2 | 4282 | 4043 | 4419 |
| 3 | 4249 | 4452 | 4400 |
| 4 | 4101 | 3980 | 4043 |
| 5 | 4014 | 4055 | 4009 |
| 6 | 4314 | 4040 | 4036 |
| 7 | 3982 | 4047 | 4123 |

**1. 目标函数等价性验证**

因拣货区最小拣选时间与虚拟视窗到达设备 1 号拣货区和 62 号拣货区的时间差相等，满足式（5-7），通过理论推导可以证明目标函数单机订单处理总时间式（5-6）等价于式（5-8）。依据 7 台设备内现有品项及对应存储通道位置，将订单集合拆分为 7 组订单子集，由式（5-6）计算理论并行合流下单机订单处理总时间，由式（5-8）计算拣货区拣选总时间和总虚拟视窗时差。由表 5-3 可知，一个季度内 7 台设备的并行合流下单机订单处理总时间都等于各自内部拣货区拣选总时间减去总虚拟视窗时差，对于具体的订单数据和品项分配方案，拣货

# 第 5 章 并行合流下单机列品项货位分配优化

区拣选总时间是一个固定值,从而验证了优化目标最小订单处理总时间与最大总虚拟视窗时差之间的等价性。

表 5-3 阵列式自动拣选机第一季度订单拣选仿真结果

| 参 数 | 阵列式自动拣选机编号 | | | | | | |
|---|---|---|---|---|---|---|---|
| | 1 | 2 | 3 | 4 | 5 | 6 | 7 |
| 单机订单处理总时间/s | 141460 | 147077 | 155351 | 139347 | 140918 | 144740 | 144371 |
| 拣货区拣选总时间/s | 154961 | 160963 | 170003 | 153133 | 154150 | 158467 | 157363 |
| 总虚拟视窗时差/s | 13501 | 13886 | 14652 | 13786 | 13232 | 13727 | 12992 |

**2. 聚类算法实证**

将优化前现场各台设备内 62 个拣货区存储品项等效为 62 个列品项,应用本章提出的聚类算法对每台设备内部原有 62 个列品项重新分配拣货区位置,计算优化后的总虚拟视窗差和订单处理总时间,并与现场原有各列品项和分配方案进行比较。

由表 5-4 可知,在 1 月、2 月、3 月内,7 台设备优化后单机总虚拟视窗时差相比优化前各平均增大 54.27%、51.94%、52.74%;优化后单机订单处理总时间相比优化前各平均减少 5.11%、4.87%、4.99%。在第一季度内,7 台设备优化后单机总虚拟视窗时差相比优化前平均增幅为 52.2%,优化后单机订单处理总时间平均降幅为 4.98%。应用本章方法优化后的总虚拟视窗时差比原分配方案有显著增加,订单处理总时间明显小于优化前数值。为了更直观地显示该对比结果,图 5-3 给出了第一季度 7 台阵列式自动拣选机总虚拟视窗时差和订单处理总时间优化前后的数据曲线图示。实证结果表明,本章提出的聚类算法可有效提高设备的分拣效率。

表 5-4 阵列式自动拣选机优化效果表

| 优化指标 | | 阵列式自动拣选机编号 | | | | | | |
|---|---|---|---|---|---|---|---|---|
| | | 1 | 2 | 3 | 4 | 5 | 6 | 7 |
| 1 月 | 总虚拟视窗时差增幅(%) | 57.38 | 59.85 | 45.98 | 51.81 | 52.55 | 52.68 | 51.70 |
| | 订单处理总时间降幅(%) | 5.35 | 5.55 | 4.42 | 5.08 | 5.02 | 4.99 | 4.79 |

（续）

| 优化指标 | | 阵列式自动拣选机编号 | | | | | | |
| --- | --- | --- | --- | --- | --- | --- | --- | --- |
| | | 1 | 2 | 3 | 4 | 5 | 6 | 7 |
| 2月 | 总虚拟视窗时差增幅（%） | 48.69 | 55.04 | 50.31 | 42.96 | 60.40 | 47.60 | 58.57 |
| | 订单处理总时间降幅（%） | 4.71 | 5.18 | 4.77 | 4.25 | 5.50 | 4.55 | 5.14 |
| 3月 | 总虚拟视窗时差增幅（%） | 50.52 | 52.62 | 56.55 | 45.99 | 50.63 | 53.24 | 59.61 |
| | 订单处理总时间降幅（%） | 4.87 | 5.07 | 5.21 | 4.59 | 4.82 | 5.01 | 5.34 |
| 第一季度 | 总虚拟视窗时差优化后平均增幅（%） | 52.20 | 55.84 | 50.95 | 46.92 | 54.53 | 51.17 | 56.63 |
| | 订单处理总时间优化后平均降幅（%） | 4.98 | 5.27 | 4.80 | 4.64 | 5.11 | 4.85 | 5.09 |

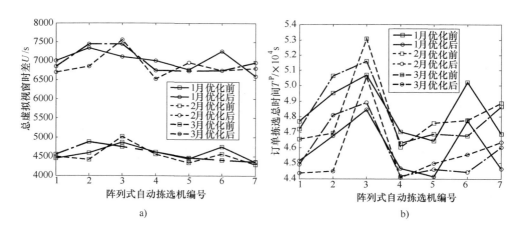

图 5-3　第一季度拣选机总优化效果图
a）总虚拟视窗时差　b）订单处理总时间

　　为全面评估聚类算法的优化效果和计算速度，将随机货位分配方法作为比较对象，对不同规模的阵列式自动拣选机列品项货位分配问题进行分析。随机货位分配方法是在不改变列品项内品项类型及所处层位置的前提下，对各台设备内部列品项进行随机排列。在 MATLAB 7.0 环境下，将随机货位分配方法和聚类算法分别在配置为 Inter 2.2GHz 、4GB RAM 的计算机上运行，具体结果见表5-5。

表 5-5 聚类算法性能评估表

| 拣货区数（个） | 列品项数（个） | 订单数（个） | 订单行数（个） | $(U_{hr}-U_{rd})/U_{rd}(\%)$ | 聚类算法运算时间/s |
|---|---|---|---|---|---|
| 10 | 10 | 28 | 288 | 17.76 | 0.287699 |
| 20 | 20 | 195 | 2160 | 20.72 | 1.676854 |
| 30 | 30 | 567 | 6201 | 24.47 | 6.276809 |
| 40 | 40 | 1305 | 15741 | 31.27 | 15.8443 |
| 50 | 50 | 2423 | 30500 | 38.67 | 33.61997 |
| 60 | 60 | 4120 | 56459 | 46.21 | 56.40062 |
| 70 | 70 | 4365 | 60786 | 56.43 | 79.83449 |
| 80 | 80 | 4726 | 67358 | 61.01 | 105.7108 |
| 90 | 90 | 5230 | 77596 | 65.31 | 133.806 |
| 100 | 100 | 5913 | 93186 | 67.21 | 164.7985 |

在表 5-5 中，$U_{rd}$ 为应用随机货位分配方法仿真得到的平均总虚拟视窗时差；$U_{hr}$ 为应用聚类算法仿真得到的总虚拟视窗时差，随着通道数量的增加，$U_{hr}$ 相比 $U_{rd}$ 的优化幅度更加显著，这是因为设备内拣货区数量越多，则设备两端拣货区之间的间隔距离越大，通过调整列品项的货位排序来实现增大总虚拟视窗时差的效果越明显。此外，随着问题规模的增大，聚类算法运算时间在逐渐增加，针对基于 9.3 万个订单行数据的 100 个拣货区的大规模排列问题，运算在 3min 完成。由此可知，针对优化目标最大总虚拟视窗时差，本章提出的算法能够在可以接受的时间内得到效果明显优于随机分配法的货位分配方案。

以上算例都源自同一配送中心的订单数据，不同品项间的相关性强弱相对稳定。由于本章提出的聚类算法以品项相关性为分析基础，故进一步再考虑订单集合中各品项间相关性强弱特征可能对算法性能的影响。对于包含订单数量 $r$ 的订单集合 $P$，$P$ 内所有品项构成品项集合 $Y = \{1, 2, \cdots, m\}$，假设每个品项在设备上单独占用一个拣货区，为描述 $P$ 内各品项间相关性的强弱特征，定义

$$V_{\text{ave}} = \left( \sum_{a \in Y} S_{a\overline{Y_a}} \bigg/ (m \times n) \right) \times 100\% \tag{5-18}$$

$$V_{\text{std}} = \sqrt{\frac{1}{m} \sum_{a \in Y} \left( S_{a\overline{Y_a}} \bigg/ n - V_{\text{agv}} \right)^2} \times 100\% \tag{5-19}$$

在式（5-18）、式（5-19）中，$\overline{Y_a} = Y - \{a\}$；$V_{\text{ave}}$、$V_{\text{std}}$ 分别为 $P$ 内各品项与其他品项同时出现订单个数占总分拣订单个数比例的均值和标准差。对于确定的订单集合 $P$，$V_{\text{ave}}$ 越接近 1，$P$ 内品项间总体相关性越大，反之则越小；$V_{\text{std}}$ 越大，$P$ 内品项间相关性越集中在有限的几个品项之间，反之则分布越均匀。通过对 $m = 10$、$r = 30$

的小规模订单进行算例仿真,将随机货位分配方法作为比较对象,分析品项相关性强弱特征对聚类算法性能的影响。算例设计过程中,将订单内每一种品项的拣选任务定义为一个订单行,每个算例由订单行数量相同的订单组成,通过改变各算例中订单内订单行数及其在各品项间的分布构造出相关性强弱特征不同的订单集合。

当所有订单的订单行数均为 1 时,品相间无相关性,$V_{ave}=0$;当所有订单的订单行数均为 10 时,$V_{ave}=100\%$。这两种条件下,货位分配策略对设备分拣效率无影响。表 5-6 给出了订单内订单行数在 [2,9] 区间内的仿真结果,随订单内订单行数的递减,$V_{ave}$ 随之递减,聚类算法相比随机分配法优化效果越明显;在 $V_{ave}$ 相同条件下,$V_{std}$ 越大,聚类算法相比随机分配法优化效果越明显。以上分析中,假设每个品项在设备上单独占用一个拣货区,而现场应用中一个拣货区可存储不同的品项货物,利用第 4 章品项分配算法将相关性强的品项分配到同一拣货区中,可减少各列品项之间的总体相关性,增加列品项间相关性的差异程度,提升聚类算法的应用效果。

表 5-6 订单集合的品项相关性特征对聚类算法性能影响分析

| 订单内订单行数(个) | $V_{ave}(\%)$ | $(U_{hr}-U_{rd})/U_{rd}(\%)$ | | |
|---|---|---|---|---|
| | | $V_{std}=10\%$ | $V_{std}=20\%$ | $V_{std}=40\%$ |
| 2 | 20 | 27.73 | 55.13 | 194.95 |
| 3 | 30 | 17.23 | 22.52 | 62.26 |
| 4 | 40 | 5.89 | 11.38 | 36.87 |
| 5 | 50 | 3.00 | 3.65 | 23.27 |
| 6 | 60 | 2.01 | 2.75 | 15.60 |
| 7 | 70 | 1.43 | 2.00 | 8.00 |
| 8 | 80 | 0.57 | 1.12 | 5.43 |
| 9 | 90 | 0.00 | 0.29 | 0.71 |

## 5.4 小结

通过对并行合流下阵列式自动拣选机单订单处理时间分析,建立设备订单处理总时间数学模型,根据现场约束条件将订单处理总时间最小问题简化为最大总虚拟视窗时差问题,设计了一类聚类算法求解,现场实例证明了设备订单处理总时间数学模型的正确性与算法的有效性[118]。

本章仅对并行合流下单台阵列式自动拣选机的列品项货位分配优化问题进行了研究,现场一条自动化分拣线通常是由多台阵列式自动拣选机串接排列构成,因而在单机优化的基础上对于阵列式自动拣选线的配置优化有待更深入的研究。

# 第 6 章

# 串行合流下系统配置综合优化

第 3 章以阵列式自动拣选系统总节省人工成本最大为优化目标,对拣选品项选择与通道配比问题进行研究;第 4 章以串行合流下单机订单处理总时间最小为优化目标,对设备品项分配问题进行研究;第 5 章以并行合流下单机订单处理总时间最小为优化目标,对设备列品项货位分配问题进行研究。

以上都是针对单目标、单影响因素问题的优化,以系统总节省人工成本最大、订单处理总时间最小为目标实现阵列式自动拣选系统的综合优化,需要设计一套针对拣选品项选择与通道配比、品项分配等影响因素的综合求解方法。鉴于并行合流下单机设备处理总时间与品项分配和列品项货位分配都相关,拣选效率优化模型相对复杂,本章仅对串行合流下的阵列式自动拣选系统双目标优化问题进行研究。

## 6.1 综合优化建模

根据第 1 章自动化拣选系统的研究综述可知,以系统拣选效率最高或成本最小为优化目标的单目标优化研究较多,而涉及两个目标的优化研究较少。而在有限的综合考虑成本与效率的参考文献中,对拣选机选型与设计优化研究较多,对系统配置优化研究较少。Pazour 等[99]以满足分拣效率的前提下成本最小为优化目标,对 A 字架系统的拣选品项选择与通道配比问题进行研究。在 A 字架系统中,补货区内常以流利式货架作为补货货架,流利货架的拣选作业面与 A 字架系统补货端对齐,并且货架上的品项临近对应拣选通道存储,因而参考文献[99]中在分析 A 字架系统拆零补货人工作业时间时,忽略补货次数和行走时间对人工成本的影响,而阵列式自动拣选系统内拣选通道空间排列紧凑,所以补货区内采用普通巷道式货架以存储尽可能多的补货品项,由于补货区面积相对较大,因此人员行走时间是设备补货人工成本的主要组成部分；此外，由于 A 字架系统采用拣选通道独立控制、通道间沿输送线平行排列模式，系统订单处理总时间的表达式简单。因此，研究阵列式自动拣选系统的双目标配置优化模型和求解方法有理论和实践意义。

假设在人工与自动化双分拣区中，采用一套由 $Z$ 台阵列式自动拣选机串联组成的拣选线系统，在该系统内，每台阵列式自动拣选机都由 $n$ 层、$m$ 列共 $n \times m$ 个拣选通道组成，根据各台设备沿输送线传输方向排列顺序，将各台单机依次编号为 $1, 2, \cdots, Z$，将所有单机内拣货区按照从第 1 台单机第 1 号拣货区至第 $Z$ 台单机第 $m$ 号拣货区的排列顺序，依次编号为 $1, 2, \cdots, M$，其中 $M = Z \times n$。令配送中心内符合系统分拣条件的品项集合为 $R$，$l \in R$，系统分拣品项集合为 $\Omega \subseteq R$，$k \in \Omega$。对于给定的订单数量 $r$，$\sum_{i=1}^{r} c_{ik} > 0$，$\forall k \in \Omega$，以阵列式自动拣选系统总节省人工成本最大、订单处理总时间最小为目标，建立串行合流下系统双目标配置优化模型。

$$\max F = \sum_{l \in R} \left( b_3 \sigma_l - b_2 f_l - b_1 \frac{f_l}{e_l h_l} \right) x_l \tag{6-1}$$

$$\min T^S = \sum_{i=1}^{r} \sum_{j=1}^{M} \left[ \max_{k \in \Omega}(c'_{ik} x_{jk}) g_1 + \max_{k \in \Omega}(u_{ik} x_{jk}) g_2 \right] \tag{6-2}$$

s. t.

$$x_l \in \{0, 1\}, \ \forall l \in R \tag{6-3}$$

$$x_{jk} \in \{0, 1\}, \ 1 \leq j \leq M, \ \forall k \in \Omega \tag{6-4}$$

$$\Omega = \{l \mid x_l = 1 \ \text{and} \ \forall l \in R\} \tag{6-5}$$

$$\sum_{k \in \Omega} h_k x_k \leq M \times n, \ \forall k \in \Omega \tag{6-6}$$

$$h_k \in \{1, 2, \cdots, n\}, \ \forall k \in \Omega \tag{6-7}$$

$$\sum_{j=1}^{m} x_{jk} = 1, \ \forall k \in \Omega \tag{6-8}$$

$$\sum_{k \in \Omega} h_k x_{jk} \leq n, \ 1 \leq j \leq M \tag{6-9}$$

式（6-1）为目标函数最大系统总节省人工成本，其中 $f_l$ 为品项 $l$ 在所有订单内的拣选量，$\sigma_l$ 为品项 $l$ 在所有订单内的拣选次数。式（6-2）为目标函数最小系统订单处理总时间。约束条件中，式（6-3）规定 $x_l$ 为 0~1 的变量，$x_l$ 为 1，表示品项 $l$ 分配至自动化分拣区拣选；$x_l$ 为 0，表示品项 $l$ 分配至人工分拣区拣选。式（6-4）规定 $x_{jk}$ 为 0~1 的变量，$x_{jk}$ 为 1，表示品项 $k$ 分配至第 $j$ 号拣货区；$x_{jk}$ 为 0，表示品项 $k$ 未分配至第 $j$ 号拣货区。式（6-5）表示集合 $\Omega$ 由集合 $R$ 中分配至自动化分拣区拣选的品项构成。式（6-6）表示系统拣选品项分配通道数量总和不超过系统拣选通道总数。式（6-7）表示集合 $\Omega$ 内各品项分配的拣选通道数为正整数且不超过单机层数。式（6-8）表示集合 $\Omega$ 内每个品项仅能分配在一个拣货区内。式（6-9）表示各拣货区内分配品项对应的通道数量之和小于或等于单机层数。

## 6.2 模型求解方法

### 6.2.1 转为单目标优化问题

配送中心采用自动化拣选设备的主要目的是为了提高订单拣选效率的同时减少人工作业成本。根据第3章的研究，为了减少人工成本，需要在满足系统总节省人工成本最大的目标下选择尽可能多的自动化作业效率系数大的品项采用设备分拣，而设备拣选的品项越多，每个品项分配的平均拣选通道数量就越少，阵列式自动拣选系统的分拣效率降低的可能性就越大。因此，在现场阵列式自动拣选设备数量确定的条件下，这两个目标常常存在不一致的情况。

针对以系统总节省人工成本最大、订单处理总时间最小为目标的多目标优化问题，本章采用主要目标法进行求解。该求解方法的基本思路是从多个优化目标中选择一个目标作为主要目标，将其他目标转化成约束条件，即用约束条件的形式保证其他目标不致太差，采用单目标处理方法对问题求解。

订单的高效分拣是订单履行效率的有力保证，而订单的快速响应可以有效提高客户对企业服务的满意度，因此，订单拣选效率是影响企业服务水平的一个主要指标。随着国内各地人均工资的不断提高，人工成本在企业经营成本中占比不断增大，控制和减少人工成本是企业赢利的主要运营策略之一，因此，人工成本高低是影响企业效益的一个主要指标。

在最小人工成本和最高拣选效率两个目标之间，人工成本相比拣选效率更重要，在拣选效率达到客户满意程度或订单响应服务承诺的前提下，人工成本减少越多，配送中心的效益就会越好。因此，阵列式自动拣选系统的综合优化目标为满足拣选效率要求前提下实现人工成本的最小化，即将系统总节省人工成本最大、订单处理总时间最小双目标优化问题转为以系统总节省人工成本最大为目标、订单处理总时间为约束条件的单目标优化问题。

因此，令 $\xi_{\min}$ 为给定的最低平均订单处理效率，单位为个订单/s，则系统配置方案中订单处理总时间须满足 $T^S = \sum_{i=1}^{r} T_i^S \leqslant \dfrac{r}{\xi_{\min}}$，原系统目标式（6-2）转换为约束式（6-10）。

$$\min T^{\mathrm{s}} \leqslant \frac{r}{\xi_{\min}} \tag{6-10}$$

### 6.2.2 启发式迭代算法

设计启发式迭代算法进行求解。该算法基本思想是首先以系统总节省人工成本最大为目标，采用第 3 章中离散空间品项选择与配比法确定系统拣选品项与通道配比方案，并在此基础上，采用第 4 章的搜索式层次聚类算法将选定品项在拣货区间分配，得到一套初始系统配置方案；然后以是否满足现场系统拣选效率为迭代优化终止条件，对初始系统配置方案进行改进。

**运用启发式迭代算法具体步骤**（图 6-1）**如下：**

**步骤 1：**求初始配置方案。根据第 3 章的方法，以系统总节省人工成本最大为目标确定拣选品项和通道配比方案，然后在此基础上根据第 4 章的方法确定串行合流下品项分配方案，作为初始系统配置方案，最后计算该配置方案下系统订单处理总时间。

**步骤 2：**判断算法终止条件式（6-10）是否满足。若实际订单处理总时间小于或等于效率限定的订单处理总时间，则初始系统配置方案作为最终方案；否则，进入步骤 3。

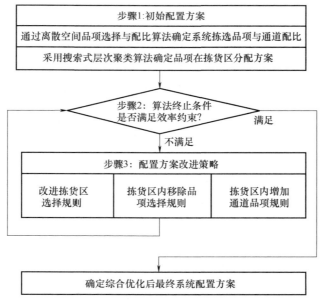

图 6-1 启发式迭代算法步骤图

**步骤 3**：配置方案改进策略。对当前系统配置方案进行改进，计算系统订单处理总时间，转回步骤 2。

其中，步骤 3 是算法是核心，以尽可能降低系统总节省人工成本损失的前提下尽可能快地提高系统拣选效率为目标，设计计算复杂度较低的配置方案改进算法，以确保改进算法的实用性和有效性。

### 6.2.3　配置方案改进策略

根据第 2 章关于分拣区人工成本分析可知，品项分配不是影响系统总节省人工成本的主要因素；此外，根据第 4 章的分析，初始品项分配方案是根据品项间相关性优化后的结果，为提高各订单在拣货区内的并行拣选量，有效减少参与拣选的拣货区个数，相关性强的品项被尽可能地分配至相同拣货区，而品项在各拣货区内交换会影响品项分配方案，增大系统效率降低的可能性，所以在设计配置方案改进策略时，仅针对拣货区内的拣选品项选择与通道配比进行调整，而不涉及品项在各拣货区间的位置交换。

**1. 拣货区内品项移除与品项通道增加对分拣效率的影响**

定义系统分拣效率 $\xi = \dfrac{r}{\sum_{i=1}^{r} T_i^S}$。在串行合流下，第 $i$ 个订单的订单处理时间等于订单内虚拟容器传输时间之和，所以 $\xi = \dfrac{r}{\sum_{i=1}^{r} \sum_{j=1}^{M} T_{ij}^S}$，系统分拣效率主要取决于各订单内的虚拟容器传输时间 $T_{ij}^S$。根据式（2-2），各订单内的虚拟容器传输时间取决于拣货区内拣选时间最长的品项，即该拣货区通道拣选量最大的品项。

**定理 1：**

**从串行合流下阵列式自动拣选系统中移除一个品项，不会降低系统拣选效率。**

**证明：**

设第 $j$ 号拣货区的品项集合为 $I_j$，品项 $a$ 在第 $j$ 号拣货区内拣选，即 $x_{ja} = 1$，$a \in I_j$，令 $T_{ij-}^S$ 为将品项 $a$ 从第 $j$ 号拣货区内移除后第 $i$ 订单第 $j$ 号拣货区虚拟容器传输时间，令 $c'_{ia-}$ 为将品项 $a$ 从第 $j$ 号拣货区内移除后第 $i$ 订单内品项 $a$ 的最大通道拣选量。从第 $j$ 号拣货区移除品项 $a$，则 $c'_{ia-} = 0$，下面分析第 $i$ 个订单第 $j$ 号拣货区虚拟容器传输时间的变化情况。

情况1：订单$i$内品项$a$拣选量为0，则$T_{ij}^S = T_{ij-}^S$。

情况2：订单$i$内品项$a$拣选量大于0，但品项$a$的最大通道拣选量小于所在拣货区内最大通道拣选量，即$c_{ia}' < \max\limits_{k \in I_j} c_{ik}'$，则$T_{ij}^S = T_{ij-}^S$。

情况3：订单$i$内品项$a$拣选量大于0，且品项$a$的最大通道拣选量等于所在拣货区内最大通道拣选量，即$c_{ia}' = \max\limits_{k \in I_j} c_{ik}'$，当$\{a\} = \{k' | c_{ik'}' = \max\limits_{k \in I_j} c_{ik}'\}$，则$T_{ij}^S > T_{ij-}^S$；当$\{a\} \subset \{k' | c_{ik'}' = \max\limits_{k \in I_j} c_{ik}'\}$，则$T_{ij}^S = T_{ij-}^S$。

因此，串行合流下从阵列式拣选系统中移除一个品项，不会增加系统订单处理总时间，即不会降低系统拣选效率。

**证毕。**

由式（2-3）可知，当第$i$个订单内品项$k$拣选量小于或等于该品项分配通道数量，即$c_{ik} \leq h_k$，则第$i$个订单内品项$k$的每个通道最多拣选一次；当第$i$个订单内品项$k$拣选量大于该品项分配通道数量，即$c_{ik} > h_k$，则第$i$个订单内品项$k$的一部分通道会拣选多次。因此，对于$c_{ik} > h_k$的品项，增加分配通道数量会降低该品项的最大通道拣选量，进而影响该品项在拣货区内的拣选时间。

**定理2：**

**对于串行合流下的阵列式自动拣选系统，拣货区内品项增加拣选通道不会降低系统拣选效率。**

**证明：**

设第$j$号拣货区的品项集合为$I_j$，品项$a$在第$j$号拣货区内拣选，即$x_{ja} = 1$，$a \in I_j$，第$j$号拣选区内空余拣选通道充足，品项$a$在第$j$号拣货区内增加$\Delta h$拣选通道，则增加通道后品项$a$的通道数量为$h_{a+} = h_a + \Delta h$，令$T_{ij+}^S$为品项$a$通道增加后第$i$个订单内第$j$号拣货区虚拟容器传输时间，$c_{ia+}'$为第$i$个订单中品项$a$增加通道后的最大通道拣选量。下面分析品项$a$增加通道数量对第$i$个订单第$j$号拣货区虚拟容器传输时间的影响。

情况1：第$i$个订单内品项$a$拣选量$c_{ia}$为0，则$T_{ij}^S = T_{ij+}^S$。

情况2：第$i$个订单内品项$a$拣选量$c_{ia}$大于0，且品项$a$的最大通道拣选量小于所在拣货区内最大通道拣选量，即$c_{ia}' < \max\limits_{k \in I_j} c_{ik}'$，因为$c_{ia+}' = \left\lceil \dfrac{c_{ia}}{h_a + \Delta h} \right\rceil$，$c_{ia}' = \left\lceil \dfrac{c_{ia}}{h_a} \right\rceil$，所以$c_{ia+}' \leq c_{ia}' < \max\limits_{k \in I_j} c_{ik}'$，则$T_{ij}^S = T_{ij+}^S$。

情况3：第$i$个订单内品项$a$拣选量$c_{ia}$大于0，且品项$a$的最大通道拣选量$c_{ia}'$等于所在拣货区内最大通道拣选量，即 $c'_{ia} = \max\limits_{k \in I_j} c'_{ik}$。

（a）若第 $i$ 个订单内品项 $a$ 拣选量小于或等于该品项原有通道数量，即 $c_{ia} \leq h_a$，因为 $c'_{ia} = \left\lceil \dfrac{c_{ia}}{h_a} \right\rceil = 1$，$c'_{ia+} = \left\lceil \dfrac{c_{ia}}{h_a + \Delta h} \right\rceil = 1$，则 $T^S_{ij} = T^S_{ij+}$。

（b）若第 $i$ 个订单内品项 $a$ 拣选量大于该品项原有通道数量，即 $c_{ia} > h_a$，则

（b.1）若 $c_{ia} - h_a \leq \Delta h$，则 $c_{ia} \leq h_{a+}$，此时 $c'_{ia+} = 1$，而 $c'_{ia} = \left\lceil \dfrac{c_{ia}}{h_a} \right\rceil \geq 2$，当第 $j$ 号拣货区内最大通道拣选量仅对应唯一品项 $a$ 时，即 $\{a\} = \{k' | c'_{ik'} = \max\limits_{k \in I_j} c'_{ik}\}$ 时，则 $T^S_{ij} > T^S_{ij+}$；当第 $j$ 号拣货区内最大通道拣选量对应品项 $a$ 和其他品项时，即 $\{a\} \subset \{k' | c'_{ik'} = \max\limits_{k \in I_j} c'_{ik}\}$，则 $T^S_{ij} = T^S_{ij+}$。

（b.2）若 $c_{ia} - h_a > \Delta h$，则 $c_{ia} > h_{a+}$，$c'_{ia+} = \left\lceil \dfrac{c_{ia}}{h_a + \Delta h} \right\rceil$，$c'_{ia} = \left\lceil \dfrac{c_{ia}}{h_a} \right\rceil$，此时 $\left\lceil \dfrac{c_{ia}}{h_a} \right\rceil \geq \left\lceil \dfrac{c_{ia}}{h_a + \Delta h} \right\rceil$，当第 $j$ 号拣货区内最大通道拣选量仅对应唯一品项 $a$ 时，即 $\{a\} = \{k' | c'_{ik'} = \max\limits_{k \in I_j} c'_{ik}\}$ 时，则 $T^S_{ij} \geq T^S_{ij+}$；当第 $j$ 号拣货区内最大通道拣选量对应品项 $a$ 和其他品项时，即 $\{a\} \subset \{k' | c'_{ik'} = \max\limits_{k \in I_j} c'_{ik}\}$，则 $T^S_{ij} = T^S_{ij+}$。

对于串行合流下的阵列式自动拣选系统，在拣货区内给原有品项增加拣选通道不会增加系统订单处理总时间，即不会降低系统拣选效率。

**证毕。**

**2. 拣货区内品项移除与品项通道增加对总节省人工成本的影响**

根据式（6-1）和式（3-3）可知，系统总节省人工成本可以表示为

$$F = \sum_{k \in \Omega} \Delta C_k = \sum_{k \in \Omega} b_3 \sigma_k - b_2 f_k - b_1 \dfrac{f_k}{e_k h_k} \tag{6-11}$$

式中，$\Delta C_k$ 为每个品项采用阵列式自动拣选比采用人工拣选节省的人工成本。

假设品项 $a_1$ 和品项 $a_2$ 在第 $j$ 号拣货区分拣，若将第 $j$ 号拣货区内品项 $a_1$ 移除，则系统总节省人工成本减少量为

$$\Delta C_{a_1} = b_3 \sigma_{a_1} - b_2 f_{a_1} - b_1 \dfrac{f_{a_1}}{e_{a_1} h_{a_1}}$$

若第 $j$ 号拣货区内品项 $a_2$ 增加通道 $\Delta h$，令 $\Delta C_{a_2+}$ 表示通道增加后品项 $a_2$ 采用阵列式自动拣选比采用人工拣选节省的人工成本，则系统总节省人工成本增加量为

$$\Delta C_{a_2+} - \Delta C_{a_2} = b_1 f_{a_2} \frac{\Delta h}{e_{a_2} h_{a_2} (h_{a_2} + \Delta h)}$$

若第 $j$ 号拣货区内移除品项 $a_1$，同时将品项 $a_1$ 的通道 $h_{a_1}$ 分配给拣货区内品项 $a_2$，则系统总节省人工成本的变化量为

$$\Delta F_{a_1 a_2} = b_1 \left[ \frac{f_{a_1}}{e_{a_1} h_{a_1}} + \frac{f_{a_2} h_{a_1}}{e_{a_2} h_{a_2} (h_{a_2} + h_{a_1})} \right] + b_2 f_{a_1} - b_3 \sigma_{a_1} \quad (6\text{-}12)$$

将从拣货区内移出单个品项的同时把空出来的通道分配给该拣货区内其他品项的作业过程称为一次拣货区调整，将 $\Delta F_{a_1 a_2}$ 称为单次调整节省成本增量，当 $\Delta F_{a_1 a_2} > 0$，表示单次拣货区调整后，系统总节省人工成本增加；当 $\Delta F_{a_1 a_2} < 0$，表示单次拣货区调整后，系统总节省人工成本减少；当 $\Delta F_{a_1 a_2} = 0$，表示单次拣货区调整后，系统总节省人工成本保持不变。

**3. 改进策略**

根据定理 1 和定理 2 中的分析可知，通过在拣货区内增加品项的拣选通道数量与移除品项不仅不会降低串行合流下的阵列式自动拣选系统作业效率，而且在某些情况下可实现系统作业效率的提升。因此，将在拣货区内增加品项的拣选通道数量与移除品项作为配置方案的基本改进方式，具体改进策略包含三个子规则：拣货区内增加通道品项选择规则、拣货区内移除品项选择规则和调整拣货区选择规则。

假设系统配置方案已确定，第 $j$ 号拣货区中存储的品项集合为 $I_j$，找出当前配置方案中分配通道数量等于设备层数的所有品项，将这些品项所在拣货区组成禁忌调整拣货区集合，将剩余拣货区组成可调整拣货区集合 $\Phi$。

（1）拣货区内增加通道品项选择规则

串行合流下阵列式自动拣选系统的订单处理总时间取决于各拣货区虚拟容器传输时间，而拣货区虚拟容器传输时间主要取决于该拣货区内拣选时间最长的品项，将其作为拣货区中的拣选效率瓶颈，为描述各品项在拣货区内的拣选效率瓶颈度的大小，引入品项瓶颈度系数。

假设第 $i$ 个订单第 $j$ 号拣货区中品项 $k$ 为该拣货区拣选效率瓶颈，即该品项最大通道拣选量等于所在拣货区内最大通道拣选量，且品项最大通道拣选量大于 1 时，$B_{ijk} = 1$，否则，$B_{ijk} = 0$。对于 $r$ 个订单内品项 $k$ 在第 $j$ 号拣货区内的瓶颈度系数采用下式进行描述。

$$FB_{jk} = \sum_{i=1}^{r} B_{ijk}, \ 1 \leq j \leq M, \ \forall k \in \Omega \quad (6\text{-}13)$$

**步骤 1**：根据式（6-13）计算集合 $\Phi$ 内每个品项在所在拣货区内的瓶颈度系

数 $FB_{jk}$。

**步骤2**：在各可调整拣货区内，根据 $FB_{jk}$ 由大到小的顺序将拣货区内品项排序。

**步骤3**：选择 $FB_{jk}$ 最大的品项作为所在拣货区内增加通道品项 $k_j^{in}$，其对应瓶颈度系数为 $FB_{jk_j^{in}}$。

（2）拣货区内移除品项选择规则

**步骤1**：根据拣货区内增加通道品项选择规则，确定集合 $\Phi$ 内各拣货区内的增加通道品项 $k_j^{in}$。

**步骤2**：在集合 $\Phi$ 内，根据式（6-11）计算各拣货区内除 $k_j^{in}$ 外的每个品项的单次调整节省人工成本增量 $\Delta F_{k_j k_j^{in}}$，$k_j \neq k_j^{in}$，$k_j \in I_j$。

**步骤3**：在各可调整拣货区内，根据 $\Delta F_{k_j k_j^{in}}$ 由大到小的顺序将拣货区内品项排序。

**步骤4**：选择各可调整拣货区内 $\Delta F_{k_j k_j^{in}}$ 最大的品项作为所在拣货区内移除品项 $k_j^{out}$，其对应单次调整节省人工成本增量为 $\Delta F_{k_j^{out} k_j^{in}}$。

（3）调整拣货区选择规则

拣货区的调整顺序会影响配置方案改进的效率与效果，为实现尽可能减少系统总节省人工成本损失的条件下尽可能大地提高系统的拣选效率的目标，根据各可调整拣货区内增加通道品项的瓶颈度系数和单次调整节省人工成本增量，定义拣货区调整优先级指标。

$$TX_j = \frac{FB_{jk_j^{in}}}{-\Delta F_{k_j^{out} k_j^{in}}}, \quad \forall j \in \Phi, \Delta F_{k_j^{out} k_j^{in}} < 0 \qquad (6-14)$$

**步骤1**：计算各可调整拣货区内 $FB_{jk_j^{in}}$、$\Delta F_{k_j^{out} k_j^{in}}$。

**步骤2**：确定调整拣货区：

1）若存在 $\Delta F_{k_j^{out} k_j^{in}} \geq 0$，则在所有 $\Delta F_{k_j^{out} k_j^{in}} \geq 0$ 的拣货区内选择 $FB_{jk_j^{in}}$ 最大的拣货区作为调整拣货区。

2）若全部 $\Delta F_{k_j^{out} k_j^{in}} < 0$，根据式（6-14）计算集合 $\Phi$ 内 $TX_j$，$\forall j \in \Phi$，选择 $TX_j$ 最大的拣货区作为调整拣货区。

配置方案改进策略具体步骤如图6-2所示。

配置方案改进策略从全局的角度，以尽可能降低系统总节省人工成本损失的同时尽可能快地提高系统拣选效率为目标，通过同一个拣货区内拣选品项的移除与品项拣选通道数量增加的方式，对初始配置方案进行逐次局部调整，可在较短时间内得到满足现场拣选效率约束条件的较优解。

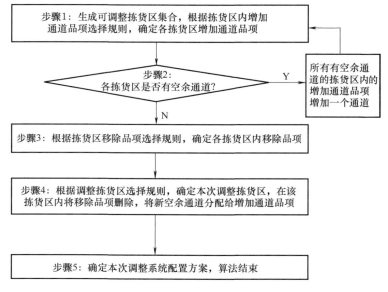

图 6-2　配置方案改进策略步骤图

## 6.3　实例分析

对于启发式迭代算法中的第一步——系统的初始配置方案的确定，第 3 章和第 4 章都有详细的设计步骤与实例分析，因此本节重点对配置方案改进策略的有效性进行实例仿真分析。

采用某医药物流配送中心 2014 年实际订单数据作为实验数据。该医药物流配送中心现场采用 7 台阵列式自动拣选机，每台拣选机包括 7 层、62 列总共 434 个通道，设备通道拣选单位货物的时间为 1s，确保拣货区弹出货物全部合流到输送线上的合流冗余时间为 2s。物流配送中心内符合阵列式自动拣选条件的药品品项共 2700 种，品项信息见表 3-1。根据 3.3.2 节的离散空间品项选择与通道配比法，确定 2187 种自动化拣选品项及其对应通道数量配比方案。根据 4.3.2 节提出的搜索式层次聚类算法将选定的 2187 种品项在 434 个拣货区间进行分配，系统拣选效率相比随机分配法提高约 6%，具体方案见表 6-1（仅列出 84 个）。因为在串行合流下，列品项货位分配对拣选效率没有影响，所以各拣货区对应的品项集合在系统上的排列位置可根据补货人员作业的便捷性进行布置。

**表 6-1 优化后品项分配方案**（2187 个品项拣货区分配表，篇幅原因，仅列其中 84 个拣货区内品项分配方案）

| 拣货区\层数 | 1 | 2 | 3 | 4 | 5 | 6 | 7 | 8 | 9 | 10 |
|---|---|---|---|---|---|---|---|---|---|---|
| 1 | 329 | 2033 | 284 | 290 | 2490 | 1900 | 4920 | 491 | 14123 | 638 |
| 2 | 329 | 2033 | 284 | 290 | 2490 | 1900 | 4920 | 491 | 14123 | 638 |
| 3 | 329 | 2033 | 284 | 290 | 2490 | 1898 | 1313 | 491 | 9664 | 356 |
| 4 | 329 | 937 | 284 | 290 | 301 | 1898 | 1313 | 491 | 9664 | 356 |
| 5 | 329 | 937 | 281 | 252 | 301 | 1898 | 1313 | 289 | 9664 | 356 |
| 6 | 329 | 937 | 281 | 252 | 301 | 1902 | 1313 | 289 | 9664 | 356 |
| 7 | 329 | 1567 | 281 | 252 | 301 | 1902 | 3410 | 289 | 9664 | 356 |

| 拣货区\层数 | 11 | 12 | 13 | 14 | 15 | 16 | 17 | 18 | 19 | 20 |
|---|---|---|---|---|---|---|---|---|---|---|
| 1 | 3048 | 1789 | 2403 | 8046 | 11737 | 12917 | 304 | 11712 | 4126 | 5517 |
| 2 | 3048 | 1789 | 2403 | 8046 | 11737 | 12917 | 304 | 11712 | 4126 | 5517 |
| 3 | 3047 | 1789 | 2403 | 285 | 11737 | 12917 | 304 | 310 | 4125 | 5516 |
| 4 | 3047 | 527 | 2403 | 285 | 11737 | 633 | 241 | 310 | 4125 | 5516 |
| 5 | 3049 | 527 | 2339 | 285 | 768 | 633 | 241 | 310 | 4122 | 5932 |
| 6 | 3049 | 527 | 2339 | 285 | 768 | 633 | 241 | 898 | 4123 | 5519 |
| 7 | 384 | 527 | 2339 | 2811 | 5288 | 4115 | 241 | 898 | 4124 | 12052 |

| 拣货区\层数 | 21 | 22 | 23 | 24 | 25 | 26 | 27 | 28 | 29 | 30 |
|---|---|---|---|---|---|---|---|---|---|---|
| 1 | 2186 | 1044 | 2244 | 4006 | 14765 | 12806 | 299 | 3851 | 12229 | 11760 |
| 2 | 2186 | 1043 | 2244 | 3295 | 14718 | 11513 | 299 | 3851 | 3366 | 11760 |
| 3 | 1351 | 1043 | 2243 | 3295 | 14718 | 11513 | 236 | 3851 | 3366 | 11760 |
| 4 | 1351 | 1045 | 2242 | 294 | 14884 | 11513 | 236 | 691 | 3242 | 21 |
| 5 | 1351 | 1046 | 4958 | 294 | 14900 | 2566 | 236 | 691 | 3242 | 21 |
| 6 | 1351 | 1049 | 2245 | 294 | 14904 | 2566 | 236 | 691 | 3242 | 21 |
| 7 | 934 | 1047 | 5241 | 11647 | 14908 | 2566 | 681 | 8407 | 3242 | 21 |

| 拣货区\层数 | 31 | 32 | 33 | 34 | 35 | 36 | 37 | 38 | 39 | 40 |
|---|---|---|---|---|---|---|---|---|---|---|
| 1 | 3776 | 4971 | 8426 | 3092 | 1159 | 11822 | 5640 | 11892 | 1279 | 2151 |
| 2 | 3643 | 4970 | 8426 | 3092 | 1159 | 11821 | 5637 | 11892 | 1279 | 2151 |
| 3 | 12461 | 4964 | 8426 | 891 | 1159 | 5722 | 5638 | 4129 | 259 | 771 |

（续）

| 拣货区 层数 | 31 | 32 | 33 | 34 | 35 | 36 | 37 | 38 | 39 | 40 |
|---|---|---|---|---|---|---|---|---|---|---|
| 4 | 12461 | 4963 | 8426 | 891 | 1159 | 435 | 3489 | 4129 | 259 | 771 |
| 5 | 4295 | 5132 | 5331 | 286 | 890 | 5091 | 3487 | 4130 | 1374 | 2217 |
| 6 | 4295 | 5131 | 5331 | 286 | 890 | 5091 | 3488 | 4127 | 1374 | 696 |
| 7 | 12092 | 4965 | 4305 | 271 | 260 | 194 | 2554 | 4127 | 903 | 696 |

| 拣货区 层数 | 41 | 42 | 43 | 44 | 45 | 46 | 47 | 48 | 49 | 50 |
|---|---|---|---|---|---|---|---|---|---|---|
| 1 | 4725 | 11412 | 13388 | 350 | 5635 | 1350 | 8451 | 171 | 11916 | 9449 |
| 2 | 4725 | 8108 | 3220 | 350 | 5634 | 1037 | 3723 | 171 | 5070 | 9448 |
| 3 | 4725 | 2785 | 3220 | 350 | 5642 | 1981 | 12270 | 162 | 5070 | 5772 |
| 4 | 4574 | 4901 | 3220 | 350 | 5641 | 1035 | 3354 | 162 | 4962 | 5772 |
| 5 | 4574 | 13957 | 3220 | 257 | 3491 | 895 | 1621 | 168 | 4960 | 11384 |
| 6 | 4574 | 3754 | 3220 | 257 | 7298 | 868 | 1528 | 168 | 4961 | 11384 |
| 7 | 4575 | 8042 | 3220 | 257 | 3462 | 868 | 2166 | 165 | 5239 | 2313 |

| 拣货区 层数 | 401 | 402 | 403 | 404 | 405 | 406 | 407 | 408 | 409 | 410 |
|---|---|---|---|---|---|---|---|---|---|---|
| 1 | 4759 | 5477 | 7450 | 7774 | 12373 | 14610 | 8040 | 4586 | 14931 | 8618 |
| 2 | 4724 | 3884 | 4092 | 251 | 12323 | 5104 | 8040 | 2026 | 14912 | 7028 |
| 3 | 4912 | 9588 | 4408 | 2711 | 12560 | 5049 | 1831 | 1373 | 14932 | 13275 |
| 4 | 4915 | 2447 | 2790 | 2711 | 12692 | 5162 | 1831 | 1618 | 14933 | 3610 |
| 5 | 4928 | 3143 | 2519 | 1596 | 13800 | 5585 | 8773 | 1805 | 14972 | 4324 |
| 6 | 4973 | 12381 | 2295 | 1596 | 14432 | 6503 | 8773 | 1984 | 14974 | 4416 |
| 7 | 5159 | 4308 | 3611 | 12216 | 14662 | 7027 | 8039 | 2007 | 0 | 4416 |

| 拣货区 层数 | 411 | 412 | 413 | 414 | 415 | 416 | 417 | 418 | 419 | 420 |
|---|---|---|---|---|---|---|---|---|---|---|
| 1 | 8770 | 5833 | 8860 | 11126 | 11925 | 3730 | 12130 | 12209 | 7278 | 12657 |
| 2 | 3580 | 2236 | 4687 | 735 | 4203 | 3652 | 4350 | 2201 | 2640 | 4553 |
| 3 | 13962 | 5268 | 3631 | 4704 | 4054 | 3746 | 7362 | 13830 | 2640 | 13396 |
| 4 | 12057 | 1800 | 3633 | 12259 | 3599 | 3773 | 2068 | 2563 | 3349 | 12736 |
| 5 | 3923 | 5044 | 3633 | 5028 | 3654 | 3854 | 1231 | 2563 | 3349 | 13948 |
| 6 | 3089 | 12874 | 831 | 4265 | 4496 | 4010 | 3566 | 4631 | 4078 | 13947 |
| 7 | 3089 | 4604 | 2001 | 3185 | 3411 | 4244 | 12796 | 11939 | 4523 | 8346 |

（续）

| 拣货区层数 | 421 | 422 | 423 | 424 | 425 | 426 | 427 | 428 | 429 | 430 |
|---|---|---|---|---|---|---|---|---|---|---|
| 1 | 2974 | 12788 | 13674 | 14072 | 2591 | 12131 | 11523 | 11731 | 12821 | 3382 |
| 2 | 2258 | 737 | 2212 | 14069 | 2584 | 3902 | 11523 | 11728 | 1094 | 3382 |
| 3 | 4270 | 8105 | 5220 | 14068 | 2587 | 6700 | 3805 | 11437 | 1094 | 1915 |
| 4 | 3672 | 1144 | 12326 | 13014 | 2586 | 5212 | 5436 | 11569 | 3415 | 3631 |
| 5 | 7964 | 1144 | 11397 | 13036 | 8895 | 3897 | 5436 | 11735 | 2147 | 13784 |
| 6 | 4680 | 12815 | 11397 | 13682 | 11562 | 424 | 5343 | 11880 | 3598 | 3930 |
| 7 | 12305 | 1342 | 13797 | 13685 | 2907 | 424 | 11824 | 11905 | 3598 | 3964 |

| 拣货区层数 | 431 | 432 | 433 | 434 | 拣货区层数 | 431 | 432 | 433 | 434 |
|---|---|---|---|---|---|---|---|---|---|
| 1 | 4887 | 5797 | 6725 | 11733 | 5 | 3265 | 2332 | 3577 | 12129 |
| 2 | 4887 | 5797 | 6725 | 11721 | 6 | 3265 | 12902 | 3665 | 12139 |
| 3 | 2210 | 2028 | 827 | 11846 | 7 | 199 | 14041 | 3253 | 12149 |
| 4 | 2927 | 2028 | 2196 | 12060 | | | | | |

基于系统初始配置方案，根据 2014 年的订单数据计算系统平均拣选效率为 0.027 个订单/s（即平均单订单处理时间为 36.79s）。在此基础上，采用本章提出的配置方案改进策略进行优化。为了比较优化效果，将采用各拣货区内最大品项瓶颈度系数作为拣货区调整优先级指标的改进策略称为效率优先策略，将采用各拣货区内最大单次调整节省成本增量作为拣货区调整优先级指标的改进策略称为成本优先策略，将采用式（6-14）作为拣货区调整优先级指标的改进策略称为成本效率兼顾策略。分别采用三种配置方案改进策略对初始配置方案进行仿真实验，每次迭代调整仅在选定的拣货区内进行，迭代直至全部可调整拣货区集合为空时结束，系统拣选效率和总节省人工成本相对初始配置方案的变化率如图 6-3 所示。

由图 6-3 可知，随着移除品项数量的增加，系统拣选效率在提升的同时，系统总节省人工成本在下降，并且三种改进策略在迭代结束时配置方案相同，即该方案下系统拣选效率与系统总节省人工成本值全部相同。采用效率优先策略时，迭代前期系统拣选效率提升速度快，系统总节省人工成本降低速度也快，而到后期两者都变得相对平缓；采用成本优先策略时，迭代前期系统拣选效率变化速度慢，系统总节省人工成本降低速度也慢，而到后期两者变化率都在加快；采用成本效率兼顾策略时，系统拣选效率和系统总节省人工成本的变化率处在效率优先策略和成本优先策略之间。

如表 6-2 所示，达到设定的拣选效率约束条件时，不同的配置方案改进策略

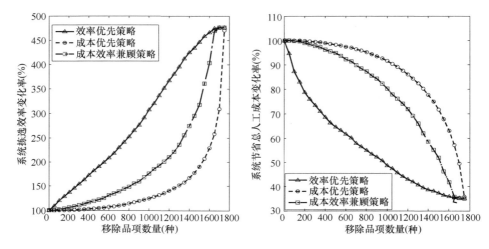

图 6-3 初始配置方案改进迭代效果图

的改进效果不同。当设定拣选效率提升 5% 的约束条件时,效率优先策略仅移出 31 种品项即达到要求,而成本优先策略需要移出 512 种品项,成本效率兼顾策略需要移出 175 种品项,从达到效率约束的速度角度,效率优先策略最好,但是从系统总节省人工成本的减少程度分析,效率优先策略的效果相比成本优先策略和成本效率兼顾策略却是最差的,其他两个策略系统总节省人工成本仅减少 0.85%~1.77%,而效率优先策略的系统总节省人工成本却减少了 2.85%。当设定拣选效率提升 100% 的约束条件时,效率优先策略仅移出 557 种品项即达到要求,而成本优先策略需要移出 1535 种品项,成本效率兼顾策略需要移出 1147 种品项,从达到效率约束的速度角度,效率优先策略还是最好的,但是从系统总节省人工成本的减少程度分析,效率优先策略的系统总节省人工成本减少了 36.84%,成本优先策略的系统总节省人工成本减少了 30.52%,成本效率兼顾策略的系统总节省人工成本仅减少了 25.81%。因此,在现场初始方案确定的条件下,采用成本效率兼顾策略对其进行迭代改进,可较快达到系统效率约束的同时,保证系统总节省人工成本损失相对较小。

表 6-2 不同配置方案改进策略改进效果对比

| 平均单个订单处理时间/s | 效率提升（%） | 效率优先策略 | | 成本优先策略 | | 成本效率兼顾策略 | |
|---|---|---|---|---|---|---|---|
| | | 移除品项数量（种） | 节省人工成本降低率（%） | 移除品项数量（种） | 节省人工成本降低率（%） | 移除品项数量（种） | 节省人工成本降低率（%） |
| 35.04 | 5 | 31 | 2.85 | 512 | 1.77 | 175 | 0.85 |
| 33.45 | 10 | 55 | 6.01 | 698 | 3.54 | 284 | 2.04 |

（续）

| 平均单个订单处理时间/s | 效率提升（%） | 效率优先策略 | | 成本优先策略 | | 成本效率兼顾策略 | |
|---|---|---|---|---|---|---|---|
| | | 移除品项数量（种） | 节省人工成本降低率（%） | 移除品项数量（种） | 节省人工成本降低率（%） | 移除品项数量（种） | 节省人工成本降低率（%） |
| 31.99 | 15 | 77 | 9.68 | 821 | 5.17 | 378 | 3.37 |
| 30.66 | 20 | 102 | 12.74 | 922 | 6.87 | 465 | 4.64 |
| 29.43 | 25 | 131 | 14.91 | 1005 | 8.53 | 546 | 6.16 |
| 28.30 | 30 | 159 | 17.6 | 1079 | 10.3 | 592 | 7.49 |
| 26.28 | 40 | 216 | 22.08 | 1195 | 13.66 | 710 | 10.43 |
| 24.53 | 50 | 276 | 25.29 | 1290 | 17.13 | 817 | 13.07 |
| 22.99 | 60 | 335 | 28.26 | 1363 | 20.28 | 902 | 15.71 |
| 21.64 | 70 | 392 | 30.69 | 1417 | 23.12 | 956 | 18.3 |
| 20.44 | 80 | 444 | 33.27 | 1461 | 25.72 | 1207 | 20.85 |
| 19.36 | 90 | 500 | 35.34 | 1501 | 28.36 | 1082 | 23.32 |
| 18.40 | 100 | 557 | 36.84 | 1530 | 30.52 | 1147 | 25.81 |

此外，系统配置优化方案都是以历史数据分析为基础得到的，而在实际应用中会遇到当前订单数据特征相对历史订单数据特征发生变化的情况。由于系统配置方案一旦实施，将设备上货物全部进行调整的成本高且会影响正常拣选，所以物流配送中心通常会在一个季度甚至一年内选择恰当时机对系统配置方案进行一次全面调整。本章提出的配置方案迭代改进策略是对系统的局部调整，操作简单，实施灵活，所以也可用来解决因订单特征变化而引起的系统拣选效率下降问题，具有较高的实用价值。

## 6.4 小结

本章提出串行合流下系统配置问题的综合优化方法，该方法结合了第3章和第4章的研究成果，通过以系统总节省人工成本最大为目标确定系统拣选品项和通道数量配比，采用搜索式层次聚类算法对品项在拣货区间分配，由此确定初始系统配置方案，在系统拣选效率未满足现场效率约束条件下，采用成本效率兼顾策略对初始配置方案进行局部调整，每一次迭代都仅在选定的单个拣货区内进行拣选品项与通道配比的优化。实例分析证明，该启发式迭代算法可全面有效地解决应用现场阵列式自动拣选系统的配置问题，提高系统的综合性能。

# 参 考 文 献

[1] 汪威，吴耀华，陈云霞. 自然导航在 AGV 中的应用［J］. 物流技术，2016，35（12）：33-36.

[2] Guizzo E. Three engineers, hundreds of robots, one warehouse［C］. IEEE Spectrum，2008，45（7）：26-34.

[3] Andrea R D, Wurman P, Mountz M. Coordinating hundreds of cooperative, autonomous vehicles in warehouses［J］. AI Magazine，2008，29（1）：9-19.

[4] MALMBORG C J. Conceptualizing tools for autonomous vehicle storage and retrieval systems［J］. International Journal of Production Research，2002，40（8）：1807-1822.

[5] MALMBORG C J. Interleaving dynamics in autonomous vehicle storage and retrieval systems［J］. International Journal of Production Research，2003，41（5）：1057-1069.

[6] Kamagaew A, Stenzel J, Nettsträter A, et al. Concept of cellular transport systems in facility logistics［C］// Proceedings of the 5th International Conference on Automation, Robots and Applications（ICARA 2011）. Qing dao：IEEE，2011 40-45.

[7] Yamazaki K, Shibata F, Kimura A, et al. An order picking system for warehouse based on mixed reality technology（VR/AR penetrating into service fields and daily lives）［J］. Transactions of the Virtual Reality Society of Japan，2014，19：413-422.

[8] 王攀峰，梅江平，陈恒军，等. 基于多并联机械手的锂离子电池自动分拣装备控制系统设计［J］. 机械工程学报，2007，43（11）：63-68.

[9] Edward Frazelle. World-class warehousing and material handling［M］. New York：McGraw-Hill，2016.

[10] 冯佳. 一种配送中心订单拣选方式优化的算法［D］. 广州：暨南大学，2008.

[11] 王转，程国全. 配送中心系统规划［M］. 北京：中国物资出版社，2003.

[12] BARTHOLDI Ⅲ J J, HACKMAN S T. Warehouse and distribution science［M］. Atlanta：Georgia Institute of Technology，2008.

[13] CAPUTO A C, PELAGAGGE P M. Management criteria of automated order picking systems in high-rotation high-volume distribution centers［J］. Industrial Management & Data Systems，2006，106（9）：1359-1383.

[14] DE KOSTER R, LE-DUC T, ROODBERGEN K J. Design and control of warehouse order picking：A literature review［J］. European Journal of Operational Research，2007，182（2）：481-501.

[15] DE KOSTER R. Performance approximation of pick-to-belt order picking systems［J］. Europe-

an Journal of Operational Research, 1994, 72 (3): 558-573.

[16] YU M, DE KOSTER R. Performance approximation and design of pick-and-pass order picking systems [J]. Erim Report, 2008, 40 (11): 1054-1069.

[17] YU M, DE KOSTER R. The impact of order batching and picking area zoning on order picking system performance [J]. European Journal of Operational Research, 2009, 198 (2): 480-490.

[18] MELACINI M, PEROTTI S, TUMINO A. Development of a framework for pick-and-pass order picking system design [J]. International Journal of Advanced Manufacturing Technology, 2011, 53 (9-12): 841-854.

[19] JANE C C. Storage location assignment in a distribution center [J]. International Journal of Physical Distribution & Logistics Management, 1990, 30 (1): 55-71.

[20] JEWKES E, LEE C, VICKSON R. Product location, allocation and server home base location for an order picking line with multiple servers [J]. Computers & Operations Research, 2004, 31 (4): 623-636.

[21] PAN C H, WU M H. A study of storage assignment problem for an order picking line in a pick-and-pass warehousing system [J]. Computers & Industrial Engineering, 2009, 57 (1): 261-268.

[22] PAN C H, SHIH P H, WU M H. Order batching in a pick-and-pass warehousing system with group genetic algorithm [J]. Omega, 2015, 57: 238-248.

[23] PAN J C H, SHIH P H, WU M H, et al. A storage assignment heuristic method based on genetic algorithm for a pick-and-pass warehousing system [J]. Computers & Industrial Engineering, 2015, 81: 1-13.

[24] BERG J P V D. A literature survey on planning and control of warehousing systems [J]. IIE Transactions, 1991, 31 (8): 751-762.

[25] RUSSELL M L, MELLER R D. Cost and throughput modeling of manual and automated order fulfillment systems [J]. IIE Transactions, 2003, 35 (7): 589-603.

[26] JOHNSON M E, MELLER R D. Performance analysis of split-case sorting systems [J]. Manufacturing & Service Operations Management, 2002, 4 (4): 258-274.

[27] HWANG H, HA J W. Cycle time models for single/double carousel system [J]. International Journal of Production Economics, 1991, 25 (1-3): 129-140.

[28] HWANG H, KIM C S, KO K H. Performance analysis of carousel systems with double shuttle [J]. Computers & Industrial Engineering, 1999, 36 (2): 473-485.

[29] HA J W, HWANG H. Class-based storage assignment policy in carousel system [J]. Computers & Industrial Engineering, 1994, 26 (3): 489-499.

[30] STERN H I. Parts location and optimal picking rules for a carousel conveyor automatic storage and

retrieval system [C]//Proceedings of the 7th international conference on automation in warehousing, San Francisco: Springer, 1986: 185-193.

[31] LIM W K, BARTHOLDI Ⅲ J J, PLATZMAN L K. Storage schemes for carousel conveyors under real time control: material handling research center technical report [R]. Atlanta: Georgia Institute of Technology, 1985.

[32] PARK B C, RHEE Y. Performance of carousel systems with 'organ-pipe' storage [J]. International Journal of Production Research, 2005, 43 (21): 4685-4695.

[33] ABDEL-MALEK L, TANG C. A heuristic for cyclic stochastic sequencing of tasks on a drum-like storage system [J]. Computers & Operations Research, 1994, 21 (4): 385-396.

[34] LITVAK N. Optimal picking of large orders in carousel systems [J]. Operations Research Letters, 2006, 34 (2): 219-227.

[35] JACOBS D P, PECK J C, DAVIS J S. A simple heuristic for maximizing service of carousel storage [J]. Computers & Operations Research, 2000, 27 (13): 1351-1356.

[36] YEH D H. A note on "A simple heuristic for maximizing service of carousel storage" [J]. Computers & Operations Research, 2002, 29 (11): 1605-1608.

[37] KIM B. Maximizing service of carousel storage [J]. Computers & Operations Research, 2005, 32 (4): 767-772.

[38] LI C L, WAN G. Improved algorithm for maximizing service of carousel storage [J]. Computers & Operations Research, 2005, 32 (8): 2147-2150.

[39] HASSINI E. Storage space allocation to maximize inter-replenishment times [J]. Computers & Operations Research, 2008, 35 (7): 2162-2174.

[40] BARTHOLDI Ⅲ J J, PLATZMAN L K. Retrieval strategies for a carousel conveyor [J]. IIE Transactions, 1986, 18 (2): 166-173.

[41] LITVAK N, ADAN I. The travel time in carousel systems under the nearest item heuristic [J]. Journal of Applied Probability, 2000, 38 (1): 45-54.

[42] LITVAK N, ADAN I. On a class of order pick strategies in paternosters [J]. Operations Research Letters, 2002, 30 (6): 377-386.

[43] GHOSH J B, WELLS C E. Optimal retrieval strategies for carousel conveyors [J]. Mathematical & Computer Modelling, 1992, 16 (10): 59-70.

[44] LITVAK N, ZWET W R V. On the minimal travel time needed to collect n items on a circle [J]. Selected Works in Probability & Statistics, 2004, 14 (2): 881-902.

[45] WAN Y W, WOLFF R W. Picking clumpy orders on a carousel [J]. Probability in the Engineering and Informational Sciences, 2004, 18 (1): 1-11.

[46] 张攀, 田国会, 贾磊, 等. 旋转货架拣选作业优化问题的新型混合遗传算法求解 [J]. 机械工程学报, 2004, 40 (6): 34-38.

[47] ROUWENHORST B, BERG J P V D, HOUTUM G J V. Performance analysis of a carousel system [D] // In Progress in Material Handling Research, Charlotte: The Material Handling Institute, 1996: 495-511.

[48] BERG J P V D. Multiple order pick sequencing in a carousel system: a solvable case of the rural postman problem [J]. Journal of the Operational Research Society, 1996, 47 (12): 1504-1515.

[49] LEE S D, KUO Y C. Exact and inexact solution procedures for the order picking in an automated carousel conveyor [J]. International Journal of Production Research, 2008, 46 (16): 4619-4636.

[50] EMERSON C R, SCHMATZ D S. Results of modeling an automated warehouse system [J]. Industrial Engineering, 1981, 13: 28-32.

[51] MELLER R D, KLOTE J F. A throughput model for carousel/VLM pods [J]. IIE Transactions, 2004, 36 (8): 725-741.

[52] GELENBE E. On approximate computer system models [J]. Journal of the ACM, 1975, 22: 261-269.

[53] HASSINI E, VICKSON R G. A two-carousel storage location problem [J]. Computers & Operations Research, 2003, 30 (4): 527-539.

[54] PARK B C, FOLEY R D. Carousel system performance [J]. Journal of Applied Probability, 2003, 40 (3): 602-612.

[55] VLASIOU M, ADAN I J B F. An alternating service problem [J]. Probability in the Engineering and Informational Sciences, 2014, 19 (4): 409-426.

[56] VLASIOU M. Lindley-type recursions [D]. Eindhoven Netherlands: Eindhoven University of Technology, 2006.

[57] VLASIOU M, YECHIALI U. M/G/1 polling systems with random visit times [J]. Probability in the Engineering and Informational Sciences, 2008, 22: 81-106.

[58] VLASIOU M, ADAN I J B F, WESSELS J. Throughput analysis of two carousels: technical report [R]. Eindhoven: Eurandom Eindhoven, 2003.

[59] VLASIOU M, ADAN I J B F, WESSELS J. A Lindley-type equation arising from a carousel problem [J]. Journal of Applied Probability, 2004, 41 (4): 1171-1181.

[60] ROODBERGEN K J, VIS I F A. A survey of literature on automated storage and retrieval systems [J]. European Journal of Operational Research, 2009, 194 (2): 343-362.

[61] BOZER Y A, WHITE J A. Design and performance models for end-of-aisle order picking systems [J]. Management Science, 1990, 36 (7): 852-866.

[62] BOZER Y A, WHITE J A. A generalized design and performance analysis model for end-of-aisle order-picking systems [J]. IIE Transactions, 1996, 28 (4): 271-280.

[63] KOH S G, KWON H M, KIM Y J. An analysis of the end-of-aisle order picking system: Multi-aisle served by a single order picker [J]. International Journal of Production Economics, 2005, 98 (2): 162-171.

[64] MAHAJAN S, RAO B V, PETERS B A. A retrieval sequencing heuristic for miniload end-of-aisle automated storage/retrieval systems [J]. International Journal of Production Research, 1998, 36 (6): 1715-1731.

[65] PULAT P S, PULAT B M. Throughput analysis in an automated material handing system [J]. Simulation Transactions of the Society for Modeling & Simulation International, 1989, 52 (5): 195-198.

[66] PARK B C, FRAZELLE E H, WHITE J A. Buffer sizing models for end-of-aisle order picking systems [J]. IIE Transactions on Design & Manufacturing, 1999, 31 (1): 31-38.

[67] FOLEY R D, FRAZELLE E H. Analytical results for miniload throughput and the distribution of dual command travel time [J]. IIE Transactions, 1991, 23 (3): 273-281.

[68] FOLEY R D, FRAZELLE E H, PARK B C. Throughput bounds for miniload automated storage/retrieval systems [J]. IIE Transactions on Design & Manufacturing, 2002, 34 (10): 915-920.

[69] PARK B C, FOLEY R D. Dual command travel times and miniload system throughput with turnover-based storage [J]. IIE Transactions, 2003, 35 (4): 343-355.

[70] PARK B C, FOLEY R D, FRAZELLE E H. Performance of miniload systems with two-class storage [J]. European Journal of Operational Research, 2006, 170 (1): 144-155.

[71] PARK B C. Performance of automated storage/retrieval systems with non-square-in-time racks and two-class storage [J]. International Journal of Production Research, 2006, 44 (6): 1107-1123.

[72] MOON G, KIM G P, MOON W J. Improvement of AS/RS performance using design and application of common zone [J]. International Journal of Production Research, 2009, 47 (5): 1331-1341.

[73] MARCHET G, MELACINI M, PEROTTI S, et al. Analytical model to estimate performances of autonomous vehicle storage and retrieval systems for product totes [J]. International Journal of Production Research, 2012, 50 (24): 7134-7148.

[74] 牟善栋. 多层穿梭车仓库系统建模与优化 [D]. 济南: 山东大学, 2014.

[75] PERRY R F, HOOVER S V, FREEMAN D R. An optimum-seeking approach to the design of automated storage/retrieval systems [C]. Proceedings of the Winter Simulation Conference, 1984: 349-354.

[76] PARK B C. Performance of carousel systems with remote picking stations [J]. Progress in Material Handling Research, North? Carolina: Material Handling Institute, 2008: 458-466.

[77] GULLER M, HEGMANNS T. Simulation-based performance analysis of a miniload multishuttle order picking system [J]. Procedia Cirp, 2014, 17: 475-480.

[78] ANDRIANSYAH R, DE KONING W W H, JORDAN R M E, et al. A process algebra based simulation model of a miniload-workstation order picking system [J]. Computers in Industry, 2011, 62 (3): 292-300.

[79] PAZOUR J A. An analytical examination of pharmaceutical distribution and the role of order-fulfillment technology [D]. Fayetteville: University of Arkansas, 2011.

[80] 王文蕊. 电子商务配送中心的设计与优化策略 [D]. 济南: 山东大学, 2014.

[81] 刘昌祺. 物流配送中心拣货系统选择及设计 [M]. 北京: 机械工业出版社, 2005.

[82] 张小勇. 卷烟物流配送中心的规划与设计 [J]. 物流技术与应用, 2006, 11 (5): 82-85.

[83] ZHANG Y G, WU Y H. Research of efficiency optimization in tobacco automated sorting system [C] // Proceedings of the 2007 International Conference on Automation and Logistics. New Jersey: IEEE, 2007: 1209-1213.

[84] WU Y H, ZHANG Y G. Order-picking optimization for automated picking system with parallel dispensers [J]. Chinese Journal of Mechanical Engineering (English Edition), 2008, 21 (6): 25-29.

[85] 张贻弓, 林茂. 卷烟分拣设备的选型与优化 [J]. 物流技术与应用, 2008 (9): 86-87.

[86] LIU P, ZHOU C, WU Y H, et al. Slotting the complex automated picking system in tobacco distribution center [C] // Proceedings of the 2008 International Conference on Automation and Logistics. New Jersey: IEEE, 2008: 2126-2130.

[87] 刘德宝. 复合式卷烟分拣系统研究与设计 [D]. 济南: 山东大学, 2006.

[88] 李静. 卷烟配送中心自动分拣系统配置与优化研究 [D]. 济南: 山东大学, 2009.

[89] 肖际伟. 复合式卷烟分拣系统分拣机组合优化 [J]. 系统工程理论与实践, 2010, 30 (2): 251-256.

[90] 肖际伟. 配送中心拣货系统优化 [D]. 济南: 山东大学, 2010.

[91] 秦峰华. 卷烟自动分拣机的性能优化与实现 [D]. 济南: 山东大学控制科学与工程学院, 2007.

[92] JERNIGAN S A. Multi-tier inventory systems with space constraints [D]. Atlanta: Georgia Institute of Technology, 2004.

[93] BARTHOLDI Ⅲ J J, HACKMAN S T. Allocating space in a forward pick area of a distribution center for small parts [J]. IIE Transactions, 2008, 40 (11): 1046-1053.

[94] HACKMAN S T, ROSENBLATT M J, OLIN J M. Allocating items to an automated storage and retrieval system [J]. IIE Transactions, 1990, 22 (1): 7-14.

[95] LIU P, WU Y, XU N. Assigning SKUs to multiple automated-picking areas over multiple periods [C] // Proceedings of the 2009 International Conference on Automation and Logistics. New

[96] LIU P, ZHOU C, WU Y H, et al. Fluid-based slotting optimization for automated order picking system with multiple dispenser types [J]. Chinese Journal of Mechanical Engineering (English Edition), 2011, 24 (4): 529-538.

[97] MELLER R D, PAZOUR J A. A heuristic for SKU assignment and allocation in an A-frame system [C] // Proceedings of the 2008 Industrial Engineering Research Conference. Vancouver 2008: 770-775.

[98] MELLER R D, PAZOUR J A. An optimization model for A-frame system design with an application to pharmaceutical distribution [J]. Progress in Material Handling Research, Charlotte NC: Material Handling Institute, 2008: 403-416.

[99] PAZOUR J A, MELLER R D. An analytical model for A-frame system design [J]. IIE Transactions, 2011, 43 (10): 739-752.

[100] 王帅安. 自动分拣系统订单处理策略研究 [D]. 北京: 清华大学, 2009.

[101] WU Y H, ZHANG Y G, WU Y Y. Compressible virtual window algorithm in picking process control of automated sorting system [J]. Chinese Journal of Mechanical Engineering (English Edition), 2008, 21 (3): 41-45.

[102] 吴颖颖, 吴耀华, 沈长鹏. 基于顺序拣选策略的压缩动态虚拟视窗算法 [J]. 山东大学学报（工学版）, 2012, 42 (1): 66-71.

[103] 张贻弓, 吴耀华. 可合流的自动分拣系统订单排序优化 [J]. 山东大学学报（工学版）, 2008, 38 (5): 67-71.

[104] 吴颖颖. 分区自动拣选系统拣选策略优化研究 [D]. 济南: 山东大学, 2012.

[105] 张贻弓, 吴耀华. 基于并行拣选策略的自动拣选系统品项分配 [J]. 计算机集成制造系统, 2010, 16 (8): 1720-1725.

[106] 张贻弓. 基于分区拣选策略的分拣机系统综合优化研究 [D]. 济南: 山东大学, 2011.

[107] WU Y Y, WU Y H. Taboo search algorithm for item assignment in synchronized zone automated order picking system [J]. Chinese Journal of Mechanical Engineering (English Edition), 2014, 4 (4): 860-866.

[108] 卢少平, 张贻弓, 吴耀华, 等. 自动分拣系统并行分区拣选优化策略 [J]. 深圳大学学报（理工版）, 2010, 27 (1): 120-126.

[109] 吴颖颖, 吴耀华. 基于并行拣选的自动拣选系统品项拆分优化 [J]. 计算机集成制造系统, 2012, 18 (4): 821-826.

[110] 王艳艳, 吴耀华, 吴颖颖. 并行自动拣选系统品项拣选量拆分优化 [J]. 机械工程学报, 2013, 16 (16): 177-184.

[111] 吴颖颖, 吴耀华. 基于并行拣选的自动拣选系统订单拆分优化 [J]. 计算机集成制造系统, 2012, 10 (10): 2264-2272.

[112] 李明, 吴耀华, 吴颖颖, 等. 人工与自动化双分拣区系统品项分配优化. 机械工程学报, 51 (10): 197-204, 2015.

[113] FRAZELLE E H. Stock location assignment and order picking productivity [D]. Georgia: Georgia Institute of Technology, 1989.

[114] AMIRHOSSEINI M M, SHARP G P. Simultaneous analysis of products and orders in storage assignment [J]. Manufacturing Science and Engineering, 1996 (4): 803-811.

[115] JANE C C, LAIH Y W. A clustering algorithm for item assignment in a synchronized zone order picking system [J]. European Journal of Operational Research, 2005, 166 (2): 489-496.

[116] GARFINKEL M. Minimizing multi-zone orders in the correlated storage assignment problem [D]. Georgia: Georgia Institute of Technology, 2005.

[117] HAN J, KAMBER M. Data mining: concepts and techniques [M]. 2nd ed. San Francisco: Morgan Kaufmann, 2006.

[118] 李明, 吴耀华, 张健, 等. 基于品项相关性的阵列式自动拣选机货位优化 [J]. 计算机集成制造系统, 2015, 21 (7): 1896-1905.

# 后　　记

本书以阵列式自动拣选系统为研究对象，深入分析了系统的拣选工作流程和人工补货工作流程，建立了系统总节省人工成本模型和系统订单处理总时间模型，以系统总节省人工成本最大、订单处理总时间最小为目标，详细介绍了通过综合运用聚类算法、贪婪算法、迭代算法等工具，对系统拣选品项的选择与通道配比、品项分配以及列品项货位分配进行综合优化，提高系统综合性能的方法。虽然本书所述方法取得了一些研究成果，但由于阵列式自动拣选系统的复杂性，仍有一些问题值得继续深入研究。

**1. 并行合流下系统综合优化问题**

本书仅对串行合流下系统双目标配置优化问题进行研究。当处理小尺寸、小批量订单时，为压缩虚拟视窗区间，提高拣选效率，系统采用并行合流模式，根据第 5 章并行合流下单机订单处理总时间模型可知，并行合流下单机分拣效率与品项分配和列品项货位分配相关，优化模型相对复杂，因此，以系统总节省人工成本最大、订单处理总时间最小为目标的并行合流下系统的配置优化问题值得进一步研究。

**2. 基于综合成本的多类型分拣区品项分配问题**

本书基于人工成本分析，对同时采用阵列式自动拣选和人工拣选的双分拣区品项分配优化问题进行研究，若配送中心分拣区内采用更多类型的智慧拆零拣选系统，且综合考虑场地成本、设备成本和人工成本，则相应的多分拣区品项分配问题的模型和求解会更加复杂，值得进一步研究。

**3. 品项拆分相关问题**

为提高现场补货人员作业的便利性和准确性，系统限定相同品项分配的多个拣选通道仅在同一拣货区内临近存储，且在同一拣货区内品项订单拣选任务采用平均拆分方式，提高不同通道间的作业并行性，但是如果个别品项拣选量过大，分配的通道数量超出单个拣货区内最大通道数量限制，则应将拣选通道分配至不同拣货区，此时存在相同品项的多个通道在拣货区间的分配以及拣选量拆分等优化问题，值得进一步研究。